# Never Lose Again

# 谈判实践课

## 50个问题106个场景训练增强谈判实力

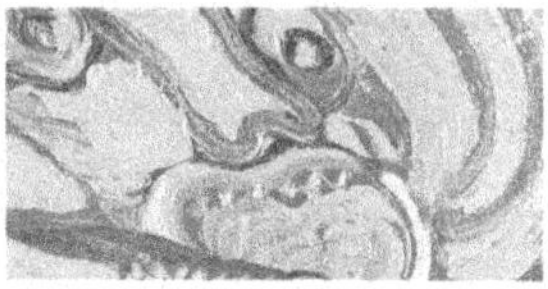

[美] 史蒂夫·巴毕茨基（Steven Babitsky）
詹姆斯·曼桂威提（James Mangraviti） 著
高晓燕 贾伟 译

電子工業出版社
Publishing House of Electronics Industry
北京·BEIJING

版权贸易合同登记号　图字：01-2018-2827

**图书在版编目（CIP）数据**

谈判实践课：50 个问题 106 个场景训练增强谈判实力/（美）史蒂夫·巴毕茨基（Steven Babitsky），（美）詹姆斯·曼桂威提（James Mangraviti）著；高晓燕，贾伟译. —北京：电子工业出版社，2018.6

书名原文：Never Lose Again

ISBN 978-7-121-34152-6

Ⅰ. ①谈… Ⅱ. ①史… ②詹… ③高… ④贾… Ⅲ.①谈判学 Ⅳ. ①C912.35

中国版本图书馆 CIP 数据核字(2018)第 088243 号

责任编辑：刘淑敏
印　　刷：北京虎彩文化传播有限公司
装　　订：北京虎彩文化传播有限公司
出版发行：电子工业出版社
　　　　　北京市海淀区万寿路 173 信箱　　邮编 100036
开　　本：720×1000　1/16　印张：15.75　字数：233 千字
版　　次：2018 年 6 月第 1 版
印　　次：2021 年 4 月第 5 次印刷
定　　价：56.00 元

凡所购买电子工业出版社图书有缺损问题，请向购买书店调换。若书店售缺，请与本社发行部联系，联系及邮购电话：（010）88254888，88258888。

质量投诉请发邮件至 zlts@phei.com.cn，盗版侵权举报请发邮件至 dbqq@phei.com.cn。

本书咨询联系方式：（010）88254199，sjb@phei.com.cn。

# 序

我们已经花了数十年的时间实践并完善本书中的 50 个绝招。我们在谈判中犯过很多错误，但谈判过程令人着迷且富有挑战性，让我们长了很多见识。我们还教授过很多有关谈判的课程。我们总在课程结束时发现，最后给学员建议——把一些零散的知识串在一起，充分展示我们努力教授的内容，会对他们有所帮助。带着这种想法，我们在下面列出了一些总的指导意见，并且希望这些指导意见能够帮助大家更有效地运用我们这本书中的内容。

- **实践锻炼**。谈判是一门艺术。你的谈判实践越多，你就越善于谈判。实践的一个好方法是，在风险不太高的场合（如日常买东西的时候）跟对方谈判。
- **充分准备**。谈判的成功常常靠的是辛勤的汗水而不是一时的灵感。做好自己的功课，把备选方案列出来。尽可能多地收集信息。提前思考一下，在这 50 个问题中，你可能用到哪个，准备好对方可能给出的回答。
- **尽可能多地开发谈判力，扩大谈判优势**。货比三家，找到备选方案。既不要显得过于急切，也不要把事情拖到最后一刻。要在对方面前悬挂一个建立长期生意关系的“胡萝卜”。

- **掌握并控制信息。**不要把对自己不利的信息透露给对方。要有目的地将强化你谈判地位的信息透露给对方。尽可能多地收集信息，详见第 1 章。
- **不要让对方牵着你的鼻子走。**不要因为对方问了你一个将你领向某条路的问题，你就被动地跟着对方一直走到“屠宰场”。要回避这个问题，或者回答你自己选择的一个问题。这种情况总有发生，不要让对方牵着你的鼻子走。
- **开局要有力。**你不妨考虑使用第 3 章中提出的一些开场招数。
- **吃定对方。**此技巧将不动声色地迫使对方重回到原始位置与你谈判。我们在第 4 章介绍了这个技巧。
- **尽可能找有更大权力的人谈判。**有更大权力的人更愿意且有能力给予你优惠。（详见第 2 章。）
- **要双赢。**一个双赢的解决方案最令人满意，而且让你利益最大。（详见第 6 章。）
- **不要怕僵局。**你不必让步就可以打破僵局。（详见第 8 章。）
- **仔细倾听并观察对方表情。**睁开眼睛、竖起耳朵、闭上嘴巴，你的收获会最大。
- **不要拖到最后一刻。**如果受制于最后期限，你就会丧失谈判力。相反，将对方的最后期限为己所用。
- **将对方的恐惧、贪婪和虚荣为己所用。**（详见第 10 章。）
- **在洽谈价格时，你还要考虑如何让付款条件为你赢得更多优惠。**（详见第 7 章。）

最后，我们希望你能考虑一下这个有关谈判的小秘密。我们自认为它是一个秘而不宣的小秘密：谈判事实上妙趣横生。谈成一笔好生意会让人感到很有成就感。实践并提高你的谈判技巧，尝试使用本书中列出的这些问题也会情趣非凡。

我们始终坚信，谈判技巧将使你获得很多利益。本书的问题（和答复）模式就是要让你的谈判技巧的提升过程变得快捷、简便而有趣。我们诚挚地希望，为了你自己、你的公司和你的家人的利益，你能够运用这 50 个问题并大获成功！

# 前言

拉里是一名 24 岁的电工学徒，也是一名越战退伍兵，他在为美国马萨诸塞州波士顿市的一座 3 层小楼安装室外照明设备时出了事故。当时他倚靠在一根栏杆上，栏杆突然断了，他从楼上摔了下来。在摔落的过程中，他被一根晒衣绳绊了一下，摔断了脖子。他被送到了医院。几天后，医生告诉他，他将永久性瘫痪，肩膀以下失去知觉，四肢再也无法动弹了。出院后，工伤保险公司把他送到一家敬老院，让他住在一间一居室的残疾人公寓里。工伤保险公司每周付给他 23 岁的妻子 150 美元薪金，让她每天 24 小时照顾他。他的妻子因此疲惫不堪，非常绝望。一年后，她与拉里离婚，并与他最好的朋友结了婚。拉里现在孤身一人，没有人全天照顾，他的身体和精神状态每况愈下。

拉里联系了一家律师事务所，寻求法律帮助。一位年轻的律师去他家里与他见面，这位律师为拉里的状况及处境感到非常难过，当天都无法返回律师事务所正常工作。

这位刚从法学院毕业不久的律师为拉里打了 3 年官司，帮助他向工伤保险公司索取工伤赔偿。在这 3 年中，他为这位残疾退伍兵谈妥了出入便利的住宅、每天 24 小时的医疗保健，并最终为他争取到了提供终生保障的解决方案，条件十分优越。拉里能够搬到一个气候较暖的地方——南加州，他的全职护士将和他一起搬到那里。在之后的35年里，他生活得既健康又快乐，直到今日，他都是这位律师的挚友。

在与工伤保险公司为解决此问题达成协议时，拉里请律师到他的轮椅旁，在他的耳边轻声说道："史蒂夫，你救了我一命。"

故事中提到的律师就是本书的作者之一——史蒂夫·巴毕茨基，正是在此时，史蒂夫初次意识到了有效谈判的威力，意识到了有效谈判对所涉及之人的生活能够带来且已经带来了很大的不同。这段经历激发了史蒂夫的激情——开发谈判技巧并将其教给他人。

1993年，来自史蒂夫母校——波士顿学院法学院的一位年轻律师加入了史蒂夫的培训公司，成为史蒂夫的学生及包括本书在内的很多书的合著者，他就是詹姆斯·曼桂威提。

我们一起经营美国知名的培训与咨询公司——SEAK 公司。本书中的很多实例和故事直接来自或间接取材于我们多年的工作经历。

**我们撰写本书的目的是要赋予读者通过有效谈判而显著提高生活的能力，改变人们思考与谈判的方式。**有人对谈判望而生畏，有人则是失败的谈判者，而本书通过 50 个问题让谈判变得简单有效。谈判是人们生活的一部分，是人们获得所需之物不可或缺的手段。人们不应回避谈判，它是日常生活（从处理电话账单到工作中的专业交易）中必不可少的一部分。人们唯一的选择：学会谈判技巧，否则只能逆来顺受。本书将教人们成为一名谈判高手。

10年前，我们亲眼目睹了一次令人震惊的谈判。正是这个谈判最终促使我们行动起来，帮助客户成为更好的谈判者。

当时，我们两人都在夏威夷为一些内科医生上培训课。和我们在一起的有一位年轻的初级护理医生，他是4个孩子的父亲，工资不高，日子过得比较清贫。我们称他为特德，特德的梦想是退休后能住在夏威夷。吃午饭时，他请我们陪他去看附近正在出售的一套公寓。

午饭只有一小时。我们和特德开车来到这个公寓前，看了一套两室的房子。特德一遍又一遍地告诉卖方经纪人，自己多么喜欢这套房子，如何害怕房价会涨，如何梦想着在夏威夷生活。经纪人（可能已经流口水了）告诉特德，这套房子是这个楼盘中剩下的唯一一套，一对夫妇将在几小时后过来，交购买这套房子的定金，定金是25万美元。我们目睹的这场令人吃惊的“谈判”如下。

**特德：**“我真想要这套房子，价格可以商量吗？”

**经纪人：**“不能。”

于是，特德打电话给妻子，问她家里的应急活期存款账户上有多少钱，之后，他让妻子把支票簿用快递送过来。他接着签署了经纪人提供的几十页空白文件（文件上甚至没有说明他要购买哪套房子，房价是多少）。他没有阅读这些文件就以对方的要价买下了这套房子——所有这一切发生在35分钟之内。

之后，我们和特德3人返回研讨班。我们无法相信刚才目睹的一切。我们不能理解，一名聪明的内科医生怎么会如此不懂谈判呢？他怎么会如此轻信他人，竟然会相信有一对夫妇来交定金之类的谎言呢？他怎么会放心得竟然连读都不读一下合同，也没让律师审查文件就在无数个空白法律文件上签字呢？任何一个了解基本谈判技巧（如不要暴露你的意图、赢取影响力和提对问题）的人，都可能在这笔买卖中省下数万美元。在培训课上，特德把他在午餐时间购买公寓的事讲给其他人听，参加培训的其他同事中立即有两三位前去询问那个经纪人，是否有空房卖给自己。

正是在此时此刻，我们意识到，即使受过良好教育的人也迫切需要学习如何谈判。这种看法得到了近几年发生的系列事件的一次又一次佐证，如

2008年杨致远想把雅虎卖给微软的尝试就是典型。杨致远出售雅虎公司是个失败的战略和尝试，是失败谈判的典型案例，从中可以看出不懂谈判将会出什么差错。

2008年5月，微软的首席执行官史蒂夫·鲍尔默向雅虎的首席执行官杨致远开价500亿美元收购雅虎。杨致远不接受这个价格而坚持要价550亿美元。数月之后，杨致远仍然坚持自己的要价不变，史蒂夫·鲍尔默忍无可忍，收回了自己500亿美元的出价。这宗失败的交易不仅使杨致远丢了首席执行官一职，并且使雅虎损失了近200亿美元。人们总能从新闻中看到像雅虎一样高知名度的企业购并案，但是，谈判是不分大小的，它是每个人日常生活中的一部分。

在夏威夷公寓事件发生后，我们决定行动起来。我们很快为参加SEAK培训班的一组人增加了谈判培训，包括继续教育研讨班、公司内部培训和一对一谈判咨询等方式。我们还共同出版了由SEAK出版的两本有关内科医生如何成为更好谈判者的成功之作。

我们写本书的理念来自我们在美国各地为数千名专业人士进行的培训。在培训过程中，我们有两大发现：

- **很多高智商的人往往不是谈判高手。**
- **谈判高手收入更高，事业更出众，而且拥有更好的生活方式。**

谈判不仅是一门艺术，而且是一门复杂的艺术。从传统上讲，要成为一名极其优秀的谈判者需要数年锻炼，但假如有人告诉你怎么做，你能快速成为谈判高手，而本书就在教你怎么做。书中将我们20多年的谈判培训经验浓缩为人人能够迅速掌握并且马上可以学以致用的50个问题。

本书独树一帜的理念是，把快捷简便地成为谈判高手的诀窍教给读者。学得快、用着方便的谈判建议是本书的精髓所在。而且，由于这些问题便于读者在适当的谈判场景下提问，读者可以学以致用，所以这些问题非常有效。最重要的是，本书的问题可以应用到各种各样的谈判场合——从购买房屋或汽车到各种商业交易，甚至可以用于少交电话费和电报费。通常情况下，在每个谈判过程中，人们都可以用到书中的几个问题，并不止一个。

在我们每次为谈判培训班上课时，总会有学员请我们列出询问的最佳问题清单。这个单子是他们可以带走的，单子上有他们最想得到的也是最宝贵的问题。想要这个单子的原因很简单，即掌握了自己要提出的最佳问题，就可以立即成为一位更好的谈判者。

我们在美国各地教给人们如何进行有效谈判时，某些学员对待我们的态度会发生变化。起初，他们持怀疑态度，但一旦向他们展示了谈判问题的有效性，他们就会看到自己如何能够让这些问题为己所用的能力。这就像去验光师那里配一副新眼镜一样，验光师先给你戴上度数较小的镜片，如果你的视线模糊不清，那么验光师会慢慢加大镜片的度数，直到你的脸上露出笑容，能清楚地看到东西为止。学员们也是这样看待我们的问题和培训的。模糊性一旦被我们除去，他们就会把谈判经验看得一清二楚。

本书的谈判技巧十分奏效，我们一直都在使用这些问题。事实上，当我们开始向编辑竭力推销本书的理念时，我们就真正认识到，我们掌握了谈判的关键点。因为编辑正在尝试使用这些问题，而且已经有成功的例子了。

本书通俗易懂，便于使用。每个问题只用几页的独立章节予以阐述，每个问题后都设有“如何使用”和“如何回答”部分。

设有“如何回答”部分，以防在谈判过程中对方向你提出此问题。当然，这些答案只是一个参考。你该怎样回答问题，取决于你所面对的具体环境与具体谈判。

我们希望你能从这些参考性回答中受益。第一，如果你做好了充分的准备工作，即使非常难的问题你也常有不错的答案，有时还会有非常有效的答案。第二，任何一个谈判问题都没有完美答案，如一个棘手的问题可能没有一个好的答案。第三，你几乎总会面临这样的选择：要么对这个问题避而不答，要么先回答完再说。人们永远不要觉得自己必须按照对方希望的方式回答问题。第四，谈判新手可能认为，不与对方合作是件鲁莽或不恰当的事情。这也经常是谈判新手最难处理的一件事情。经验丰富的谈判者慢慢会意识到，通常情况下，不像对方所期望的那样回答谈判问题是很正常的事情，而且这种情况居多。

本书提供问题的参考回答的另一个原因是，这些回答有益于你进一步了解一般谈判过程。本书在分析为什么说某个回答不错时，还会对谈判战略、谈判战术及谈判理念予以评论。我们认为，在具体的问题与回答之后加上评论，可以使你更全面地体会谈判过程中的错综复杂、瞬息万变的微妙之处。

本书把这 50 个问题归结为 10 章，每章章首都有一个对本章内容的简单介绍，目的在于向你提供简捷的谈判理论，并帮助你把各章知识很好地联系起来。

**我们坚信，最会谈判的人，成功的概率最大。**我们衷心希望，本书能够使你迅速、全面地提升谈判技巧，并在生活和事业上获得成功。

# 目录

第 1 章　探听消息 ........ 1

01　你是怎么知道我们的 ........ 2

02　那么，事情进展如何 ........ 6

03　你想何时完成谈判呢 ........ 10

第 2 章　找对人 ........ 13

04　我跟谁谈取消服务的事呢 ........ 14

05　你有权做最终决定吗 ........ 20

06　能与你的主管谈谈吗 ........ 24

第 3 章　开局有招 ........ 28

07　能先发给我一封电子邮件，以便我做准备吗 ........ 29

08　我发给你一份拟好的议程好吗 ........ 36

09　能当面谈谈吗 ........ 41

10　我们能不计前嫌面向未来吗 ........ 46

11　你是具有团队精神的人吗 ........ 50

第 4 章 吃定对方 ......54

12 你会为 X 元做这件工作吗 ......55

13 你为此最多付过多少钱呢 ......59

14 能告诉我大概价格是多少吗 ......62

15 你了解行业标准吗 ......66

第 5 章 创造优势 ......69

16 你准备失去我们这个客户了吗 ......70

17 你知道我们是唯一来源吗 ......75

18 你有备选方案吗 ......79

19 我能推荐别人吗 ......84

20 如果这次谈成了，将会给你带来多少生意啊 ......89

21 你知不知道……（暗示资金紧张） ......93

22 你知道你的竞争对手要价更低吗 ......98

第 6 章 做大蛋糕 ......104

23 我们要不要共同努力做大蛋糕呢 ......105

24 我们尝试一下能有什么损失呢 ......109

25 我们要是……（延长合同期限或增加订货数量）会怎样呢 ......115

第 7 章 谋定价格 ......120

26 你在价格上有多大灵活性呢 ......121

27 你感兴趣的是质量还是价格 ......125

28 你想有钱还是有名 ......130

29 你估计最后金额是多少 ......133

30 你会保证给我们一个最低价格吗 ......138

31 如果我付现金呢……143
32 你们肯定接受信用卡吧……149

**第 8 章 打破僵局……154**

33 我们为什么不各让一步呢……155
34 在达成协议前你能不走吗……161
35 我是不是可以结案了……165
36 某人还在你那儿工作吗……169
37 你想寻找双方都能接受的解决方案吗……175
38 你愿意私下商谈吗……180
39 你能推荐其他人吗……184
40 你能给我一个让老板看的结果吗……189

**第 9 章 达成协议……194**

41 如果没有异议，我让律师把合同送来好吗……195
42 我们能在×××时把事情定下来吗……200
43 你接受我的提案吗……203

**第 10 章 施压战略……209**

44 为了这个提案，你投入了多少精力和资金呢……210
45 假如达不成协议，你会怎么做……214
46 获得某奖项，你有何感想……217
47 如果谈判失败，你会有什么损失……221
48 听你说完，我为什么还要与你谈判……227
49 它对我有什么好处……230
50 你还知道（影响协议或长期关系的）其他事项吗……234

# 第 1 章

# 探听消息

谈判的成功，常常与你收集对方的谈判目的、最后期限及备选方案的准确信息直接相关。

例如，如果你能够判定对方的时间期限非常紧迫，而且无求助对象，那么你在谈判中就处于极其有利的地位。

收集有用信息的一个非常有效的方式是，向对方提出一些看上去无关紧要而旨在使其透露宝贵信息的问题。

# 01 你是怎么知道我们的

信息可以直接转化为谈判优势。谈判时你掌握的信息越多，你的谈判优势就越大。“你是怎么知道我们的”是一个非常有效的、零风险的问题，是卖家在收集信息时经常提出的问题。

“你是怎么知道我们的”这个问题所包含的理念是让潜在的购买者说话。它是一个颇具开放性的问题，激励对方给出一个开放性的回答。

当你问出这个问题后，与你谈判的人常常会脱口说“有人推荐了你们”并说出自己目前的状况及自己为什么急于做成交易等，而这些都是对你有利的信息。

首先，这个问题的最大优点是零风险。它合乎礼节，没有恶意且亲切随意。提出这个问题没有任何不妥之处，它应该成为产品及服务销售商经常提出的问题。一般来说，潜在的新客户几乎都会回答这个问题。因为它合情合理且没有恶意，所以和你谈判的人没有理由不回答这个问题。经验丰富的谈判者在回答这个问题时可能斟酌词句，但你很可能从中得到某种信息。

其次，它可以使销售商追踪到营销活动的效果。例如，你的企业在某家报纸上投放了一则广告，而且留有服务电话。当你向客户提出“你是怎么知道我们的”这个问题时，如果有人回答说，他们从某家报纸看到了投放的广告，你就会知道自己投放的广告奏效了，那么你可能考虑重复投放这则广告。如果没有人提及报纸上的广告，那么你可能就不会考虑再在这家报纸投放广告了。

如果在提出“你是怎么知道我们的”这个问题之后提出一些后续问题，那么提出这个问题的意义就会更大。如果对方回答了这个问题，那么他很有可能回答后续问题。如果谈话朝着这个方向发展，你的谈判就成功地走出了第一步。

只有仔细倾听回答才能提出适当的后续问题，而提出这些问题的目的是，让与你谈判的人说话，让他们透露有关为什么打电话、他们的处境、时间表、困难、预算或其他能够为你所用的信息。

## 实例 1

某天，我们接到了联邦政府某机构职员的电话，他想请我们给他们的一些员工进行培训，具体谈判大致如下。

**潜在客户：**你好！我想让你的公司为我们做些培训工作。

**作者：**那太好了。你是怎么知道我们的？

**潜在客户：**我们参加过你们研讨班的员工说，你们的培训非常好。

**作者：**你们打算什么时候培训呢？

**潜在客户：**嗯，事情是这样的，我们有一大笔钱要在 10 月 1 日前用完，所以，我们希望培训工作越快越好。

**作者：**好吧，我们肯定能帮助你们解决问题。

从实例 1 中，可以看到向对方提出“你是怎么知道我们的”这个问题及其他后续问题所具有的潜在的、非同一般的好处。我们能够从对方的回答中了解到，他们已经把我们的公司当作最佳培训公司这一极其宝贵的信息。也就是说，他们已经接纳了我们的公司。而最有价值的信息则来自我们接下来提出的“你们打算什么时候培训呢”这个问题。从这个问题的答案中我们收到的信息是，他们有一大笔钱需要尽快用完。这正是我们想要探听的信息，是我们求之不得的信息。听到这个回答后，我们就能迅速结束谈判，并收取最高的培训费了。

### 实例 2

某个组织邀请我们做培训。

**潜在客户**：你好！我们集团想请你们为我们做一些培训。

**作者**：你好！很高兴认识你。你是怎么知道我们的？

**潜在客户**：因为我的老板参加过你们的一个研讨班，他说很喜欢你们的课程，所以想请你们来为我们做一些培训。

**作者**：非常感谢你的老板的厚爱。你的老板是谁呢？

**潜在客户**：约翰·史密斯。

在实例 2 中，通过提出“你是怎么知道我们的”这个简单的问题，我们能够了解到，这位潜在的客户已经接纳了我们公司。更为重要的是，我们发现对方没有其他的备选方案，对方只是奉命行事。毋庸置疑，在听到这个回答后，我们又成功地做成了一笔交易。

### 如何应用

销售商应该自然地向潜在客户提出“你是怎么知道我们的”这个零风险的问题，因为对方的回答可能向你提供宝贵的信息，如动机、期限、预算和意图之类的信息，这些信息可以极大地提升你的谈判地位。在这个问题后还可以设定一些后续问题，使你获得额外的有用信息。提出“你是怎么知道我们的”这个问题还有一个重要用途：追踪你可能已经做过的营销活动的价值。

### 如何回答

如果有人向你提出“你是怎么知道我们的”这个问题，一个不错的回答方式是，向对方表明你正在货比三家，寻找最优惠的交易。这种回答会让销售商得出这样的结论：要赢得你这单生意就必须提供最优惠的条件。所以它能提高你的议价能力。假如你正在考虑从某处采购物品时，对方提出“你是怎么知道我们的”这个问题，你一般可以做出这样的回应，具体实例如实例 3。

### 实例 3

**印刷商**：你是怎么知道我们的？

**作者**：因为我让助手提供了一份列有 30～40 家经营同样业务的印刷厂，以便于我们能够全面地进行成本比较，得到最低价格。

# 02 那么，事情进展如何

私下掌握信息的数量与质量直接影响谈判的结果。掌握的信息越多、越准确，谈判的结果就会越好。“那么，事情进展如何”是个含蓄的、没有恶意的问题。提出这个问题的目的是帮助人们从谈判对手那里探听到有价值的信息。使用这个问题及其他闲聊问题都是开始谈判的较好方法，也是开始谈判的典型方法。

“那么，事情进展如何”这个问题还有很多不同的说法：“那么，生意怎么样？”“最近忙什么呢？”“最近忙吗？”它是一个友好的、随意的和合乎礼节的问题，提出这个问题后仔细倾听对方的回答，因为对方随意给出的回答中会包含令你感到惊讶的珍贵信息。

如果运用正确，“那么，事情进展如何”会是个完美的问题。正确运用这个问题的关键在于，要温和、谨慎地提出恰当的问题，并仔细倾听对方的回答。如果这样做了就会得到丰厚的回报。

## 实例 1

几年前，本书的一位作者与妻子想购买一辆新车。试驾后，当他们坐在经销商的办公室里确定具体购车款时，讨价还价就开始了……

**推销员：** 那么，你们两位最近怎么样呢？

**作者：** 很好，你呢？

**推销员**：好极了。你们是哪里人？

**作者**：我们是本地人。

**推销员**：你们两位是做什么工作的呢？

**作者**：我在一家小企业工作，我妻子在银行工作。

**推销员**：你们两位是在附近上的学吗？

**作者**：是。

**推销员**：什么地方呢？

**作者**：波士顿。我们今晚还要去见另两个经销商，所以我们想知道你能给我们一个什么样的优惠价？

作者是经验丰富的谈判者，知道在提供信息时一定要格外小心，不要透露任何不利于自己的信息。在实例 1 中，作者与妻子没有告诉对方，他们居住在一个高档小镇，两个人都是律师，读的都是名校。因为两名精明强干的律师如果声称买不起某件东西，或者表现出需要有节俭意识，他们是不会被同情的。所以作者及妻子所透露的信息是，他们要见其他经销商，要货比三家。他们是在有意提高自己的谈判地位。

## 实例 2

2009 年，本书的一位作者与妻子在玛莎葡萄园度假。当时正值夏末，经济大衰退的影响仍然存在。在旅行中，作者的妻子丢了一只手镯。她十分珍爱这只手镯，几乎每天都戴着它。他们走进了她喜欢的一家珠宝店，想找到一个替代品……

**珠宝店店员**：你们两位最近怎么样呢？

**作者的妻子**：我们正在进行一次愉快的旅行，谢谢你。你怎么样呢？

**珠宝店店员**：一直都马马虎虎。

**作者的妻子**：那么，生意怎么样呢？

**珠宝店店员**：这个夏天的生意不好做。

**作者的妻子**：是啊，我听说了。旺季什么时候结束呢？

**珠宝店店员**：很不幸，下个周末。如果对某件东西感兴趣，你就告诉我。

询问完这些问题后，作者的妻子心里很清楚，如果她找到了自己感兴趣的东西，她就能在讨价还价的谈判上占有优势。因为生意不好做，而且旺季就要过去了。事实上，她发现了一只非常喜欢的手镯。手镯标价 500 美元，而她做好了讨价还价的准备。

**作者的妻子**：这只手镯有多少优惠呢？

**珠宝店店员**：我们能优惠 50%。

**作者的妻子**：加上税是多少钱？

**珠宝店店员**：265.3 美元。

**作者的妻子**：我拿不定主意了。我们明天要去埃德加敦，那里有很多不错的珠宝店，你要是能够 200 美元（含税）卖给我，你就能做成一笔买卖了。

**珠宝店店员**：让我给老板打个电话。

10 分钟后，她戴着比珠宝店店员所要价格低 60%的新手镯走出了珠宝店。此后，她一直戴着这只手镯。她的一个闲聊式问题“那么，生意怎么样呢”问出了宝贵的信息，让她了解到这家珠宝店很想在漫长而寒冷的冬季到来之前筹集到现金。正因为如此，她才能够大幅度地砍价，这是她提出的问题让对方感到焦虑（如询问旺季何时结束）的结果。她没有在回答珠宝商聊天式的问题“你们两位最近怎么样呢”时，主动说出自己正在寻找要购买的东西，这也有助于增加她讨价还价的筹码。

## 如何应用

**如果和某人沟通的结果可能是进行谈判，那么这次沟通就应该被当作谈判的一部分。因此，信息的收集与控制都应该是最关注的事情。**“那么，事情进展如何”和“生意怎么样”之类没有恶意的闲聊式问题能够为你提供宝贵信息。

## 如何回答

**你的谈判对手也有可能向你提出“那么，事情进展如何”之类的问题。当对方向你提出此类问题时，你应该谨慎回答，不要向对方透露减少你谈判筹码的信息。**但是你也应当抓住机会，做出增加谈判筹码的回答，以此实现自己的目的。

## 实例 3

**购买者：**那么，生意怎么样呢？

**销售商：**不错，谢谢你。我唯一的愿望是，想多休息一下，却没有时间。生意很多，我们只能尽量满足市场需求。你怎样呢？

# 03 你想何时完成谈判呢

“你想何时完成谈判呢”是一个随意且常能为你提供宝贵信息的问题，所以它是在几乎任何一个谈判中都能使用的问题。信息会转化为筹码，而筹码又会转化为更好的谈判结果。此外，它提醒你的谈判对手，他在谈判中所面临的压力。

谈判之初是提出“你想何时完成谈判呢”这个问题的好时机。你得到的回答有助于你判断怎样继续下面的谈判。典型回答可以归纳如下。

非应答性的或回避性的：“我没有想过这个问题，你想何时完成呢？”这类回答可能说明你正在与一位老练的谈判对手打交道。此人除非有意为之，否则是不会轻易透露信息的。

快人快语型的或防御性的：“这和你没关系。”这类回答使你确定对方没有谈判诚意。

诚实而直截了当的：“我确实想在本季度之前办完此事。也就是说，到明天下班之前完成。”这类回答对你很有价值。它表明你的谈判对手急于成交，而且时间紧迫。

人们所期待的往往是诚实而直截了当的回答。谈判对手在回答你提出的“你想何时完成谈判呢”这个问题时，常常会脱口说出透露内情的宝贵信息，频率之高会令你感到惊讶。

多年以来，我们一直在运用这个问题，效果非常好。

## 实例 1

我与一家大企业洽谈为其部分员工进行法律培训。在谈判之初尚未谈妥有关费用时，我提出了“你想何时完成谈判呢”这个问题。对方回答：“我们接到了法院命令，要在 90 天内完成这次培训，所以如果可能，我们希望马上敲定此事。”根据对方的回答，我直接提出了一个高额要价。虽然也可以用其他问题让对方透露这个信息，但这个问题的美妙之处在于：它很随意。

## 实例 2

我与妻子正在就购买房子进行谈判。我们已经谈定了价格，但仍在就房屋买卖协议条款进行谈判。这些条款相当重要。我们已经谈了好长时间了，但还是有些问题没有谈妥，而这些问题（如房屋检查附加条款的叙述是否准确、卖方产权是否清晰、有关污水处理系统检查的叙述和截止日期等）都有可能让这笔买卖泡汤。当我们问卖方代理人想何时完成谈判时，对方回答说：“卖家今天在佛罗里达州洽谈他们的新房屋买卖，希望明天能得到他们的回复。”非常有用的信息被泄露出来。卖方受困于新房买卖的事实让我们在房屋买卖协议谈判中占据了很大优势。最终，我们以有益于自己的条件完成了这次谈判。在谈判的过程中，只要问谈判对手一个随意且没有恶意的问题：“你想何时完成谈判呢？”你会获得很多有用的信息。

## 如何应用

“你想何时完成谈判呢”是一个不错的问题。因为这个问题很随意且没有恶意，而且常常使你获得宝贵信息，这样你就可以直接得到更为有利的谈判结果了。

## 如何回答

当别人向你提出“你想何时完成谈判呢”这个问题时，**首先，你不要透露任何显示你时间紧迫的信息。理想的回答效果是，你的回答能够把压力转向对方。**你可以向谈判对手暗示，他们最好赶快做成这笔不错的买卖，否则就会错失良机。实例 3 就是把回答这个问题当作一个机会，向卖方强调他们正在货比三家，如果要他们购买卖方的东西，卖方必须有一个优惠的报价。

## 实例 3

**推销员：**你们想何时完成谈判呢？

**作者：**这个，我们手中有不少报价。你们要想和我们合作，必须在明天下班之前给我们报价。

你可以暗示对方，自己不着急买，甚至还没有决定是否要买。这种回答会增加你的谈判筹码。如果卖方想要打动你，让你购买，就必须给你足够的优惠。

## 实例 4

**销售商：**你们想何时完成谈判呢？

**作者：**我们不着急。如果价格不是特别优惠，我们就不买了。

# 第2章
# 找对人

要了解谈判时找对人的重要性，这一点很重要。与拥有更多权力的人打交道通常会得到更好的结果。本章就是帮助你找对人。

# 04 我跟谁谈取消服务的事呢

一位优秀的谈判者应该牢记做长期生意的重要性，如果你是一位老客户，那么，在和卖主谈判时，你将具有巨大优势。其原因很简单，例如，如果你每月买一位卖主 100 美元的东西，那么，10 年后这个数目将达到 1.2 万美元。由于这位卖主不需要加大营销投入就能从你身上得到收益，所以，这位卖主从你身上谋取的利润就非常可观了。这就意味着，这位卖主拥有采取一切必要措施留住你这位客户的经济动因。

你必须清楚与一位长期合作的卖主洽谈生意会给自己带来多大的收益。例如，对上面所提到的每月花费 100 美元的买主来说，每月节省 20%就意味着每年节省 240 美元，10 年节省 2 400 美元。

如果要想得到一个更优惠的长期价格，那么“我跟谁谈取消服务的事呢”是向对方提出的一个极好的问题。卖家知道你对他们的价值有多大，他们不想失去你这个客户。这个问题对于像有线电视公司和电话公司这样的大公司都有效，所以不要觉得自己不可能跟他们讨价还价。事实上，很多大型公司只会在被问到这个问题时才会做出让步，这种公司有专门负责“客户维系”的员工来处理此项业务。

要想让“我跟谁谈取消服务的事呢”这个问题达到最佳效果，你在提出这个问题时应该用一种非常客气、近乎道歉的口气。如果对方认为你彬彬有礼、招人喜爱，那么他将更有可能做出有利于你的回答。如果你先反复强调自己多么喜欢卖家的产品或服务，以此做铺垫，然后再提出这个问题，这也是一个不错的主意。这会让你显得对对方的产品或服务感到满意，而且如果卖家愿意给予你更大实惠，你会愿意与对方进行长期生意往来。

提高这个问题有效性的另一个技巧是，你要在提出这个问题之前先解释一下自己为什么不得不省钱（股市崩盘、老板实施全面预算削减、某种危机），这更会让对方相信你的问题中含有另找卖主的可能性。

提高这个问题有效性的最后一个技巧是，自己要先做好功课，了解竞争对手。通常情况下，如果你在谈判中说“我们没有这项服务也行”或“我们发现你的竞争对手的优惠更多”，那么你在谈判中才有优势。在使用这个问题时，如果你提到对方竞争对手的优惠更多，这将极大地增加你的谈判优势。

以下是在各种情况下成功运用这个问题或类似问题（如“我想取消服务，我需要怎么做呢”）的实例。

## 实例 1

2008 年，随着雷曼兄弟公司破产引发的金融危机的爆发，我认为，厄运即将降临，于是采取了积极的节约措施。我任命专人负责检查公司的长期交易并努力减少费用。我通过使用“我跟谁谈取消服务的事呢”这个问题使公司运营良好，而且没有解雇一个员工。

我的公司最大的持续性费用是信用卡刷卡费。当客户用信用卡购买公司的产品时，信用卡公司向我的公司收取售价的 3 个百分点作为手续费。所以，如果客户支付了 100 美元，我的公司只能得到 97 美元，信用卡公司拿走了 3 美元，即总收入的 3%。对于一家销售额高达数百万美元的公司来说，这些信用卡刷卡费的总额就相当可观了。例如，如果我的公司每年的信用卡结算额是 200 万美元，那么每笔生意少出 1%，我的公司就会多出 2 万美元。

我打电话给这家信用卡结算公司，要求给予更大优惠。前后谈了数次，最终，它们提出降低一个百分点的 1/10，并且认为这个优惠足以让我满意了。

我当然不满意。于是我问道："我跟谁谈取消服务的事呢？"我得到的回答是，24小时内会有人回电话。第二天，我接到电话，对方直接提出每笔交易降低一个百分点的手续费。很明显，给我回电话的人的职责就是确保这家信用卡结算公司不流失任何一位客户。一个百分点是我在之前谈判中所得到的让步的10倍。自此之后，我每年节省了数十万美元。

我也把这个问题成功地运用到了与其他供应商的生意谈判中。事实上，凡是我向其提出这个问题的供应商，没有一家没有给予更大优惠。**在10年间，我提出的这个问题让自己的额外利润高达数百万美元。**

## 实例2

以下是我用"我跟谁谈取消服务的事呢"这个问题和电话公司的谈判。（请注意，由于更换供应商就会出现服务中断，所以我并不想更换供应商）。

**作者**：上午好。你好吗？

**电话公司代表甲**：很好，先生。你呢？

**作者**：还好吧，日子不好过啊！

**电话公司代表甲**：听到这个消息我很难过。我能为你做些什么呢？

**作者**：老板让我负责为公司省钱的事，我打电话想问我们是不是能得到更大优惠。

**电话公司代表甲**：哦，当然可以。如果你新签订一份2年的承诺，我们可以每月优惠5美元。

**作者**：好吧。这跟我想的不一样。我知道你们的竞争对手正在提供这些服务，他们优惠30%。我想用他们的服务，那么我跟谁谈取消服务的事呢？

**电话公司代表甲**：对于取消服务，我可以帮你转到我们的客户维系部，他们可以为你服务。

**作者**：好的，非常感谢。

**电话公司代表乙**：早上好，曼桂威提先生。听说你正在考虑注销你的账户，是吗？

**作者**：是的。很遗憾，我们的日子一直不好过。虽然我们喜欢你们的服务，但我知道你们的竞争对手正在提供更优惠的服务，所以我想知道怎样才能注销服务。你需要一个书面申请吗？

**电话公司代表乙**：这么着吧，要是我们给你未来一年的费用优惠 35%，你觉得怎么样呢？这样，你会留存账户吗？

**作者**：谢谢你。如果这样，我就没有理由更换服务商了。

**电话公司代表乙**：好的。如果你有其他问题，请随时与我联系。

这家电话公司显然是家大公司。请注意，他们设有专门部门来处理注销服务的客户，而且这个部门有权做出重大让步。

## 实例 3

我曾使用“我跟谁谈取消服务的事呢”这个问题与桶装水公司讨价还价。请注意两点：第一，我准备（令人相信地）解释说，桶装水在经济困难时期是一种奢侈品，我的公司没有它们的服务也可以；第二，这家公司愿意竭力留住我的公司继续做它们的客户。

**作者**：我跟谁谈取消服务的事呢？

**桶装水公司**：跟我谈就行。我知道你做我们的客户已经 12 年了。出什么问题了吗？是服务不好吗？

**作者**：不是，不是服务问题。水会定期送来，非常准时。他们有时还会稍微多送一些。我打电话的真正目的是，我们公司决定，在这段经济困难时期削减公司不必要的运转项目和服务，包括桶装水。

**桶装水公司**：听到这个消息我很难过。我也许可以给你们更多优惠，这会有所帮助吗？

**作者：**你是什么意思呢？

**桶装水公司：**尽管从严格意义上讲，你们的用水量没有达到这个标准，但我可以给你们公司一个大客户的折扣。

**作者：**什么价格呢？

**桶装水公司：**你的水费将从每月 500 美元降至每月 300 美元，送水量和服务不变。

**作者：**为什么以前不给我们这些优惠呢？我们已经用了你们 12 年的水了。

**桶装水公司：**公平地说，你们没有资格得到这个用水量折扣，而且你也从未跟我们提过折扣的事。

**作者：**对于你把水费降到每月 300 美元的提议我很满意，能不能再多一些优惠呢？

**桶装水公司：**免费提供 2 个月的水，怎么样？这会让你感到高兴吧？

**作者：**如果你免费提供 4 个月的水，我就更高兴了。

**桶装水公司：**那我给你免费提供 4 个月的水，希望你继续喜欢我们的产品。

## 如何应用

永远不要低估你自己对长期供应商的谈判优势，你的生意对他们极其重要。“我跟谁谈取消服务的事呢”这个问题可以是一把简单的钥匙，它可以为你打开更为优惠的生意之门，长期下来会为你省下数额不菲的一笔钱。

## 如何回答

作为一个生意人，你通常不想失去客户。人们不喜欢接到客户电话说，他们要中断与自己的生意。为了避免接到这样的电话，人们将竭尽全力提高自己的客户服务质量。如此一来，客户不到迫不得已是不会取消服务的。

如果你确实接到了要求取消服务的电话，你要先询问对方为什么要取消服务。如果你能够解决问题，或者出现了误解（误解时有发生），你就要努力解决问题或消除误解。

一般来说，一个有效的方式是，把对方要求取消服务看成一个发现并解决问题的机会。所以，你的回答是："出现了什么问题吗？我们怎样才能解决这个问题呢？"如果对方提出的问题有道理（是你的错误），而对方的拟议解决方案也合情合理，你就改正错误并与对方建立更为紧密的关系。

如果客户对你的产品或服务确实不满意，你也无须与对方争辩，如数给对方退款。你不能轻易降低你的价格，如果降价被传了出去，你将面临灾难。

# 05 你有权做最终决定吗

**你在谈判中要达到的目的是，赢取让步和划算的交易，你无须跟无权给予你让步的人谈判。**这是因为，如果你和他谈判，你除了什么也得不到外，反而要损失很多。“你有权做最终决定吗”这个问题就是让你简单而快捷地判定，与你谈判的人有多大权力。这个问题的潜台词很简单：你有权谈判，我们才能敲定生意。我们需要谈判，但谈判桌上的东西不能为我所接受，如果我可以得到更多的优惠，我愿意达成交易。

要想成为一名优秀的谈判者，你就必须熟悉“涓流细耗”这个概念。例如，你正在准备购买某件物品，和你洽谈的是一位销售员，他归一位销售经理领导，而销售经理归销售副总裁领导。这位销售副总裁知道，公司给这个物品定的底价是 100 美元。他把这个底价告诉了销售经理，而销售经理想在自己老板面前有面子，于是他就告诉这位销售员说，售价不能低于 110 美元。这个销售员想在销售副总裁和销售经理面前有面子，于是就决定低于 120 美元就不能卖这件物品。这就是“涓流细耗”的本意。这个权力链中所涉及的每个人都想给老板留下深刻印象，所以这个权力链中所涉及的每个人都在消耗你的钱。

与没有让步权的人谈判会减缓办事速度，因为每次让步都将不得不按部就班地得到逐级领导的核实与批准。你的谈判对手为了做出让步，必须多次给上级打电话，谈判拖延的时间越长，而你得到大让步的可能性就越小。

**与没有让步权的人谈判注定会走向错误的方向。对方会要求你做出让步，而你却得不到任何回报。这样会出现自己与自己谈判的局面并使你做亏本生意。**你只有确保自己只与有让步权的人谈判，才能避免此类亏本买卖。

至关重要的是，你要尽早判定你的谈判对手拥有多少权力。因此，你最好在谈判开始时就提出“你有权做最终决定吗”这个问题。如果你得到的是一个肯定的回答，你就可以开始与对方讨价还价了。反过来说，如果你得到了否定回答，你就应该客气地请求与真正有权力的人谈判。

向对方提出“谁是你们组织的决策者呢”这个问题也可以让你找到有权谈判的人。如果你的谈判对手就是，你就可以继续谈判了。如果决策者是另一个人，你就应该客气但坚定地要求与决策者谈判。

我经常把这个谈判技巧运用在自己的生意中。我发现，如果与拥有最高权力的人打交道，就会很快得到更优惠的生意。为了充分利用这个发现，我极其乐意与中小企业打交道。与中小企业打交道，可以达成企业主与企业主之间的协议。例如，我有意选择独资饭店举办公司的研讨班和会议。这样能够让我与饭店老板进行谈判并得到更为划算的价格。

## 实例

几年前，我开始尝试与佛罗里达州的一家家族饭店建立生意关系，以下为谈判的过程。

**作者：**今天，我们专门从马萨诸塞州的科德角到佛罗里达州，就你们拟议的饭店合同进行洽谈。正如你们所知，我们想去掉合同中的 3 个条款。

**饭店经理：**这是我们的标准合同，我对此无能为力。

**作者：**你有权做最终决定吗?

**饭店经理：**我已经告诉过你了，我无能为力。这是一份标准合同。

**作者：**我们选择这家饭店，而且开车行驶了 1 920 千米的里程来到这里的一个原因是，你们的饭店跟我们公司一样，也是一家家族企业。你把老板请过来和我们见面好吗？

**饭店经理**：我一般不愿意打搅他，他身体不好。让我试下能不能打通他的手机。

……

**饭店老板**：有什么问题吗？

**作者**：我们是跟你们一样的一家家族企业，我们已经有 29 年的历史了。我知道你的家人经营这个饭店已经有 45 年了。祝贺你！我们想在你的饭店举办我们的佛罗里达州年度会议，但遇到了个小问题。

**饭店老板**：什么问题？

**作者**：我们对你的标准合同中的这 3 个条款有些异议，能去掉吗？

**饭店老板（对饭店经理）**：他们的信用等级和信用记录怎么样？

**饭店经理**：A 1 级，几乎是最好的。但他们提到的条款是合同的标准……

**饭店老板（对饭店经理）**：去掉这 3 个条款，让我们给这几位来自科德角的绅士们一些石斑鱼。

实例 1 中所得到的谈判结果很典型。**一般来说，与一个组织的决策者打交道能够让你得到更大好处。**一个等级低的人必须遵守规程，担心如果让步太多会让老板不满。要想取得最大让步，你应该争取与有权谈判的人进行谈判，如有可能，最好与老板本人谈判。在谈判开始时，向对方提出“你有权做最终决定吗”这个问题是找到有权谈判的人的一条捷径。

## 如何应用

判定你的谈判对手的权力是成功谈判的关键所在。与一个权力小的人谈判不仅会让交易更不划算，而且还会减缓谈判进程。向对方提出“你有权做最终决定吗”这个问题是判定自己是否与有权谈判的人谈判的一个既简便又有效的方式。如果与你谈判的人不是有权谈判的人，你就要客气但坚定地要求与有权力做决策的人洽谈。

## 如何回答

“你有权做最终决定吗”不是一个应该用“有”或“没有”来回答的问题。一个“有”会让你没有回旋余地，而一个“没有”会让对方提出与一个有权谈判的人进行谈判的要求。要回答这个问题，建议你质疑这个问题的前提：谁是有全权的人。例如，你可以回答说：“这里谁都没有全权。我需要得到所有合伙人的同意才行。”或者说：“在敲定任何事情之前，我都必须征得我妻子（或丈夫）的同意。”

# 06 能与你的主管谈谈吗

你在为自己想要或所需的某个东西进行谈判时，碰壁在所难免。这堵墙壁往往来自一线员工。此人对你说，无法把你想要的或所需的东西给你。如果你碰上了这样的墙壁，一个不错的办法可以让你绕开这堵墙：简单地向对方提出“能与你的主管谈谈吗”这个问题。

当你与对方的谈判僵持不下时，向对方提出“能与你的主管谈谈吗”这个问题可以非常有效地让你如愿以偿。这个问题的关键在于与有权力满足自己要求的人建立联系。与不能满足你要求的人进行谈判是徒劳无益的，如果一旦发现和你交谈的人不能或不愿意帮助你，你就尽快使用“能与你的主管谈谈吗”这个谈判技巧。

使用“能与你的主管谈谈吗”这个问题的一个好处是它的风险很低。因为几乎所有人都会说“行”。原因有两个：一是他们受到的培训要求他们这样做；二是他们很高兴把自己无法取悦的人打发给其他人。使用此问题最坏的结果是对方说“不行”，所以提出这个问题对你没有任何风险。

一旦接触到对方的主管领导，你就需要为自己想要的东西进行辩论了。你的辩论越具有说服力，你成功的可能性就越大。多年以来，我们运用这个问题取得了很好的效果，以下是 3 个实例。

## 实例 1

几年前，我和妻子买了一座新房，在买卖协议签订和最后交易时间确定之后，我们就开始打电话筹备其他事项了。在我们打的第一批电话中有一个是打给电话公司的。我与一位代表通了话，选了一个好记的电话号码，并且谈定交易完成后就开通电话服务。同时，我们把新的联系方式和电话号码告诉了所有的朋友和家人。更重要的是，我们把新联系方式告诉了所有信用卡公司和金融公司。这非常费时，可能花了 6～7 小时。

我们如期完成了交易。第二天，电话公司也按时来人安装电话。这个技术员人不错，花了 3～4 小时整理线路。在他离开之前，我试着给自己的手机打电话。让我感到困惑的是，手机上显示的不是我预订的号码。我告诉技术员电话号码不对，也向他说明这个号码很重要。技术员对我说，他对此无能为力，因为公司让他接通的就是这个号码。不用说，我很不高兴，为了把新号码告诉别人，我已经花了大量时间，而且也不可能再拿出 6～7 小时再通知一遍了。

我要求与这个技术员的主管通话，他给了我一个号码。接我电话的女士也没有解决问题。她说无能为力，用户的号码以实际安装那天的号码为准。我说，以前从未有人告诉过自己这一点。我已经花了很多时间把预订的号码告诉了别人，而且可能不得不从头再通知一遍。我忍无可忍，于是对她说："能与你的主管谈谈吗？"她很高兴，所以就给我接通了她老板的电话。我说明了情况，并且最终得到了一个可以接受的答复——"让我看看该怎么办"。两天后，我重新得到了先前预订的那个号码。如果我没有要求和这个企业的主管领导商谈，那么我就不可能重新获得那个号码了。

## 实例 2

很多年前的一天，我打电话给航空公司，要求把旅行常客奖兑换成某个航班上的一个座位。我被告知，那个航班上的奖赏座位都定完了。由于这个航班刚开始接受预订，所以这个答复显然不符合事实。除非整个奖赏活动就是一场骗局，否则怎么会把奖赏座位都卖出去呢？我无法向第一位接电话的人申诉，所以就提出了“能与你的主管谈谈吗”这个问题，在主管领导出面后5分钟内，我就得到了想要的机票。

## 实例3

某天，我与妻子到本地的一家餐馆去吃早餐。下单后厨师慢得出奇（煎鸡蛋用了一个多小时），但饭菜味道不错而且女服务员也很讨人喜欢。餐费是21美元，结账时，我们使用了40美元的礼品卡，是我过生日时收到的这家餐馆的礼品。当他们拿回礼品卡时，里面的数额变成了19美元。于是我问道：“小费能不能从卡中划出？”这是一个非常合理的要求，因为几乎每家餐馆都可以这样做。女服务员说她刚上班两天，餐馆要求不能这样付小费。我马上问她：“能与你的主管谈谈吗？”我找对了人。所以，当我说明情况后，老板同意小费从礼品卡中划出。

## 如何应用

与一个不愿意或不能够满足你要求的人谈判是浪费时间。如果你在想要或需要某件东西时碰了壁，那么，与对方行政管理系统中一个级别更高的人进行交涉，会让你成功的概率更大。“能与你的主管谈谈吗”是个简单且没有风险的问题，可以让你找到能够或愿意对你的请求说“行”的人。当你与电信公司、航空公司及金融机构这些大型且看上去不能通融的组织打交道时，这个问题所取得的效果尤佳。

## 如何回答

如果你有主管领导，当对方提出“能与你的主管谈谈吗”这个问题时，回答对方的最好方式是“可以，没问题”。拒绝对方只会让你的谈判对手心里更烦。因为你无法满足对方的要求，所以继续和对方打交道只会浪费时间。

在作者的公司里，如果有人提出了这个问题，他们就会马上给对方接通公司首席执行官或老板的电话。这种做法表明他们没有隐瞒任何情况，而且很认真地对待客户的意见。

# 第3章 开局有招

强势的谈判开局往往会带给你上佳的谈判结果。这种开局能够为谈判定下基调，帮助你拓展优势并且决定洽谈的内容。本章的几个问题供你在谈判之初使用。

# 07 能先发给我一封电子邮件，以便我做准备吗

谈判成功靠的是你本身的谈判优势及你在谈判中所获得的优势。获得优势的一个途径是掌握信息。收集信息的一个有效方式是在会谈前向对方提出“能（在洽谈你的问题、目标和担忧之前）先发给我一封电子邮件，以便我做准备吗”这个问题，是一个既有效又无害且能让你收集有用信息的问题。

这个问题之所以有用，是因为它常常会使你的谈判对手透露大量宝贵信息、数据和疏漏，其中包括：

- 他们具体的目标和担忧，以及他们最重要信息的蛛丝马迹。
- 你能为己所用的重要事实。
- 你的谈判对手列出的问题——他们认为重要并要予以解决的问题。
- 你认为重要但并未列出的问题。

如果你对局势有控制权，你的谈判对手很想和你做生意，那么这个问题会发挥最佳效果。一般来说，当有人突然找上门来要和我谈生意，通常是谈合资办企业或达成某种合作关系时，我就会使用“能（在洽谈你的问题、目标和担忧之前）先发给我一封电子邮件，以便我做准备吗”这个问题。我的公司已经有 30 年的历史了，每年都会收到很多类似的会面请求。通常情况下，这些请求来自不太成熟的企业、新成立的企业或个人。他们需要得到我的帮助，把他们的企业提升到一个新高度。要达到这个目标，他们通常希望

能够使用我的客户群，利用我的名气，让我雇用他们或购买他们的产品。

与他人会面讨论合伙做生意的可能性，这种会面常常会迅速转变成谈判或重要谈判的前奏。不管怎样，重要的是要尽可能多地掌握对方的信息。向对方提出“能（在洽谈你的问题、目标和担忧之前）先发给我一封电子邮件，以便我做准备吗”**这个问题的好处是，如果对方不给你发电子邮件，或者对方电子邮件中的提案对你没有任何好处，你就可以节省宝贵时间，取消会面了。**

“能（在洽谈你的问题、目标和担忧之前）先发给我一封电子邮件，以便我做准备吗”这个问题的潜台词很简单：帮我也是帮你。它的妙处在于它所蕴含的合理性。换句话说，它所传递的意思是：“如果我不知道你的目标和问题是什么，我怎么可能做好谈判的准备呢？”请找上门来可能与你做生意的人发给你一封电子邮件，这种做法对你很有用。其原因很多，包括以下内容。

1. 它合乎逻辑，而且看上去像为了被问方的最大利益。“以便我做准备”这半句话暗含的意思是，你在认真对待这件事情而且考虑达成协议。你的谈判对手愿意让你做好准备，在会面时把精力集中在他们身上。他们还想给你留下深刻印象。

2. 你向对方要的是一封电子邮件，不是一份正式合同或提案。人们写电子邮件时一般会比较随意，不会像写正式合同或提案时那样小心谨慎。此外，很多人会匆忙地写电子邮件。他们一边写邮件，一边接电话，或者会为其他事情分神。正因为如此，与你让他们写正式的提案所透露的有用信息相比，他们在电子邮件中透露有用信息的可能性更大。

3. 与你打交道的人明白，不对如此无害的请求做出回复会冒犯你，会导致无法与你会面。

4. 和你打交道的人可能认为，由他们制定会面的问题和目标框架可能有利于己，因为这样他们就能把谈判控制在他们关注的范围内，也更有可能实现自己的目标。

我知道自己确实要和某人做生意并且在和对方进行正式谈判时，会使用“能（在洽谈你的问题、目标和担忧之前）先发给我一封电子邮件，以便我做准备吗”这个问题，而提出这个问题的目的就是要达成协议。在这种情况下，提出问题就是为了收集信息。通过提出这个问题收集对你有用的信息。

我使用这个问题取得了非常好的效果，以下有 3 个实例。实例 1 出现在最常见的场景中。新成立的企业、不太成熟的企业或个人找到我，提出因为“应该一起合作”，所以需要会面谈一谈。我一般比较喜欢这种提议，但总会向对方提出，“能（在洽谈你的问题、目标和担忧之前）先发给我一封电子邮件，以便我做准备吗”这个问题。绝大多数情况下，我得到与下面类似的答复。

## 实例 1

史蒂夫和詹姆斯：

你们好！

很乐意给你们发邮件。我们有些产品不错，知道你们拥有极好的声誉、忠实的客户群和销售网站及大交易量的销售网点。我想和你们谈谈。如果你们能让我们使用你们客户的电子邮件名单，让我们的产品展示在你们的网站上，你们就能挣很多钱。盼望能与你们见面。

此致

查理

出于保护隐私和其他原因，我们从来不让他人使用公司的客户名单；出于其他生意上的考虑，包括担心对自己的高利润产品构成冲击，我们也不在自己的网店上销售其他公司的产品。所以，我们跟查理确实没有什么好谈的，因此有以下回复。

尊敬的查理：

谢谢你发来邮件。由于保护隐私和公司政策的原因，你的提议我们无法满足，所以我们需要取消我们商定的会面。祝你的计划成功。

一切顺利！

史蒂夫和詹姆斯

向对方提出“能（在洽谈你的问题、目标和担忧之前）先发给我一封电子邮件，以便我做准备吗”这个简单的问题就能让你迅速查明对方的目的，节省与他会面的时间。

在实例 2 中，通过向对方提出“能（在洽谈你的问题、目标和担忧之前）先发给我一封电子邮件，以便我做准备吗”这个问题，我们做成一笔极佳的生意。

## 实例 2

几年前，我收到了一份主动投递过来的个人简历和附信。投简历的人是位赫赫有名的律师。他刚刚退休，回到了我的公司所在的科德角。我们称他为罗伯特律师，信中介绍了他的资质并且请求与我们面谈合作事宜。

我相信，是否拥有合适的人才是决定企业成败的关键。我从收到的简历和附信中看出，罗伯特是能够帮助公司赚钱的人才。我的公司设在科德角，在这个地方，人才可不像波士顿那样的大城市那么好找。

要聘用人才，就得为他们付钱。我担心罗伯特要价太高，我们雇不起他。谈判中的最大一个错误是假设自己知道对方要什么。我同意和罗伯特一起吃午餐，但首先向他提出“能（在洽谈你的问题、目标和担忧之前）先发给我一封电子邮件，以便我做准备吗”这个问题。

回信的内容大概如下。

尊敬的史蒂夫和詹姆斯：

非常感谢你们同意和我见面。我已经研究了你们的网页，对你们的工作印象深刻而且非常着迷。

退休 6 个月了，我一直待在家里，都快待疯了，所以想找点不同的事做，一个星期出去一两天，动动脑子。我觉得，像有我这样背景和经历的人也许会对你们有用，所以想和你们谈谈如何合作。

盼望周五午餐时见。

罗伯特

我非常喜欢罗伯特给出的答复。他的答复中说明钱并不是最重要的，而且他不是找全职工作。所以，我们可能雇用得起他。我和他共进了午餐，而且发现确实能够雇用罗伯特，于是和他签了合同。他的酬金不多。他做了一个只有他自己能够胜任的项目，项目很成功，而且成本效益非常高。请对方写一封邮件让我得到的信息是，他对钱不是特别在意，这样才能达成一个双赢的协议。

在实例 3 中，我把这个问题用在正在进行的数次谈判里。

## 实例 3

几年前，我被一家医疗协会聘请为专业谈判顾问，帮助它们就自己的期刊与一家出版商商谈签订一份新合同。这些谈判非常复杂而漫长，其技术细节对本书并不重要。在与一位出版商进行系列谈判之前，我提出“能（在洽谈你的问题、目标和担忧之前）先发给我一封电子邮件，以便我做准备吗”这个问题。对方的回复极大地增加了我的谈判优势，其内容大致如下。

我们有几个问题需要澄清：

1. 贵方给我们提供利润额时要明确贵方造成的费用。特别是，其中包括下面的哪项呢？纸张、印刷、装订、邮资、编辑、行政管理、作品、订单执行情况、销售与营销，以及一般行政费用（法律、财会、管理和公司日常支出）。

2. 贵方总收入中都包括什么呢？下面所有项目都包括在内吗？所有订阅费、赞助费、电子检索与数据库、再版（商业广告与作家）、过期刊物、彩印费、计次付费、版权许可、改编为书籍或专著的文章集。

3. 你认为我们在下面哪个项目中能合理地增加收入呢？文章重印、分类广告、期刊增刊、药品教育、显著位置和特价推销。

至于我们的目标，我们在这件事情上已经花费了3个月时间，坦白地说，我们希望在2周之内完成这笔交易。

我准备实事求是地回答对方在第1和第2个问题中所列出的内容。至于第3个问题，我准备了对我的当事人有利的回复。而真正有价值的信息显然在最后一句话中。最后一句话透露此出版商对这笔交易付出了多少心血和希望，而且还透露出版社可能面临着一个内部规定的最后期限。在收到这封电子邮件后，我经过深思熟虑做出了决定，强调了我的要求。结果，我完全正确地解读了对方的形势，为我的当事人争取了一笔极其有利的生意。

## 如何应用

在谈判中，信息就是力量。向对方提出“能（在洽谈你的问题、目标和担忧之前）先发给我一封电子邮件，以便我做准备吗”这个问题，有助于为你赢得宝贵的信息，增加你的谈判力。这个问题还能够帮助你了解对方的真实意图。对带着生意建议登门的人可以常提出这个问题。这个问题还可以用在正式谈判之前，即筛选掉不值得你花时间会面的人。

## 如何回答

如果接触一个人是希望与此人做生意，那么一个否定的回答就有可能让对方取消会面，因此，应该予以避免。但是，一个明确的回答可以被对方用来反击你，所以，最好用含糊其辞的方式回复对方。例如，你可以回答说："我愿意探索所有的合作之路，营造一种双赢关系。"希望对方能够接受这种含糊其词的回复。如果对方坚持要求你做出具体回答，你就需要提供详细情况，以免对方取消会面。例如，你可以说："我们有另 3 种方法销售你们的书籍，而你们的公司不用从自己的口袋里掏钱，我们见个面，让我给你解释一下好吗？"

反过来，如果你怀疑对方和你谈生意的诚意，回答"能（在洽谈你的问题、目标和担忧之前）先发给我一封电子邮件，以便我做准备吗"这个问题的一种不错的方法是设法变被动为主动。例如，你可以回答说："这个主意不错，我很乐意。如果方便，请发给我一封邮件，谈谈你的问题、担忧和目标。我会逐一做出回答，而且会补充我认为有用的内容。"这么回答的目的是，争取把皮球踢给对方。请注意，这个简单回答的措辞会让你显得确实在努力帮助对方。

# 08 我发给你一份拟好的议程好吗

我在生意中最先学到的知识是，如果你想对会谈（实际上是谈判）的结果施加极其巨大的影响，那你最好努力争取控制会谈的议程。我在很早之前就知道，拥有且控制会谈议程极其有助于达成协议，并避免浪费宝贵的时间。

在谈判中制定一份议程会相当有用。“我发给你一份拟好的议程好吗”是一个既简单又无害的问题，可以让你的谈判对手同意由你制定议程。这么问对方像你在承担额外的工作，所以显得你很通情达理。制定并控制议程内容对洽谈来说很重要，其原因如下。

1. 议程决定了要洽谈的内容，而更为重要的是，议程决定所洽谈问题的顺序。

2. 一个精心草拟的议程能够降低冲突，有利于双方达成一致，做成交易。正因为如此，我建议把让对方感到安心的议项（如安抚其自尊的议项）放在议程之首。这样也可以让你和你的团队显得体贴入微。把没有争议、容易达成一致的（像伸手可及的水果）议项，如共同的目标和设想放在议程之首。在一些议项上达成一致可以增进共识，促进谈判进度，增加对成功的期望值。

3. 既然由你来设定议程，那么你可以把自己最熟悉和准备最充分的议项放在突出位置。

4. 设定议项，无论是否明确设定，都会给自己设定一个或多个最后期限。最后期限促使人们在谈判中达成一致。如果谈判双方为自己设定了最后期限或议程规定了最后期限，双方通常就更容易在谈判中做出让步。

5. 把被问方的问题（或大多数问题）放在议程中会体现公平和公正，让谈判对手感到欣慰。

6. 在议程中给他人感兴趣的问题留有余地会显示你的灵活性，会使对方更加愿意和你做生意。

如果你希望推动谈判达到最终目的，最好使用“我发给你一份拟好的议程好吗”这个问题。无休止的谈判和洽谈会浪费大量时间和金钱。设定议程的目的是要让事情有个结果。当然，这个结果可能是你无法达成有利于己的协议。在许多情况下，这也是好结果。你可以尽早知道结果，从而继续前行，而不在没有意义的谈判上浪费宝贵的时间。

需要注意的是，议程需要认真草拟。你不能把可能减少你谈判优势的信息如“第四项，快速达成协议”列入议程。同样重要的是，你要避免把分散精力的琐细小事和可避免的分歧都列入议程。议程如果包括太多的议项、细节小事和不可能解决的分歧点，就会导致谈判拖延或出现僵局。

如果对方缺乏经验、懒惰或精力分散，“我发给你一份拟好的议程好吗”这个问题最可能奏效。一般来说，提出这个问题的最佳时机是在洽谈即将开始之时。

在提供实例之前，再强调一点：一定要记住，并不是所有谈判都是和买卖交易有关的。委员会和团队合作制订一致的行动方案，实际上也是一种谈判。夫妻经常用这种方式进行谈判，立法者也一样。在不涉及买卖交易的这些谈判中，“我发给你一份拟好的议程好吗”也是个非常有效的问题。需要注意的是，不要因为谈判不直接涉及买卖交易就认为这些谈判没有潜在的经济效益。

## 实例 1

许多年前，我和公司的高管们开了一个会。会议主题是制定今后 1～2 年的销售、市场营销和产品研发规划。很显然，这些决策至关重要。

公司的一位高管设定了议程。会议开了 2～3 小时后仍然没有取得实质性成果。设定议程的高管发放的材料显示，如果公司大幅度增加销售额而不增加支出，公司的利润就会直线飙升。这个议程有一些缺陷。当时，我的公司举步维艰，资金奇缺。议程中的设想虽然在技术上正确无误，但只是异想天开，根本没有可行性。

在讨论有关高管待遇问题时，情况更糟糕了。草拟议程的高管实际上在为自己争取待遇。他提出这一要求的一个理由就是他辛苦地组织了会议，并草拟了议程！由于公司资金奇缺，高管待遇议题至少是个有争议的问题，但这与公司目前最急于解决的销售、市场营销和产品研发问题都不相关。当有关高管待遇的这个次要、不合时宜和分歧严重的问题一经提出，会议就陷入了混乱。最终，会议在高管们为公司的不良运营状况相互指责和愤怒中草草收场了。

会议没有做出任何决定。公司也因为没有下一步规划而继续处于混乱状态，这使公司蒙受了巨大经济损失，给公司的困境雪上加霜。我因此得到了宝贵的教训：如果要想达成一致或形成结论，必须对议程进行控制，非常谨慎地避免谈论次要而不合时宜的有分歧的问题。现在，无论我的公司何时召开需要做出重要决策的内部会议，我都会亲自制定议程。

## 实例 2

多年前，我和一批医生及其他专业人士一起为某个医科专业设立了一个新的评审委员会。谈判中的每个人（包括我）都有自己关心的问题和愿望。有些人具有潜在的利益需求（我当然也有，我希望在他们得到评审之前对他们进行培训，从而得到报酬）。他们根据会议决定的评审项目，可毫不费力地从培训费、工资、出版费和咨询费中赚取大笔收入。他们一致决定召开电话会议。但会议没有议程，也没有做出任何决定。在 3 小时的会议上，整个过程都在用来决定下次电话会议的时间。我参与了多次这样没有成果的会议。

我要处理公司的事务，没有时间可以浪费在这些毫无意义的争吵中。所以，我建议召开直接面谈会，并提出"我发给你一份拟好的议程好吗"这个问题。为了增加提议的吸引力，我建议会议于旅游旺季在一个旅游胜地举行。与我打交道的医生们都非常高兴地接受了我的三项提议。

这次会议的议程以小时为单位安排得非常有序。我对议项也进行排序，好让与会者在会议之初就在一些容易达成一致的原则上达成一致。我极力避免不必要的、可能引起分歧和分散精力的议题出现。我按小时排列的具体议程给讨论的每个小议题都规定了具体的最后期限。一旦进度慢了，就会有人指出最后期限从而加快进程。最后期限促使人们做出妥协。没有一个人对议程、议项、议项顺序和讨论每个问题的时间提出质疑。我用一张纸的议程就控制了整个谈判的节奏，而整个议程我只花了 30 分钟草拟和散发。

与先前没有成果的电话会议相比，这种效果是惊人的。在一天的会上，我解决了所有突出问题。评审委员会成立了，直到今天还在运行。该委员会已经培训了数千名医生，给他们颁发了证书，并创造了数百万美元的经济效益。评审委员会还提升了该行业的行业标准。我的公司也从中受益，因为我的公司受该评审委员会委托进行培训。会议中的许多人也都在经济和事业发展上受益。如果我不提出"我发给你一份拟好的议程好吗"这个问题，我不知道这个评审委员会是否能成立。

## 如何应用

承担起草与散发议程的工作有助于你控制洽谈的议题、时间安排和走势。

它还可以增加你赢取利己的谈判结果。提出“我发给你一份拟好的议程好吗”这个问题是控制议程的一个既简单又实用的方法。在设定议程时，要从各方可能建立信任与默契的部分开始着手。要避免在议程中出现次要的和不必要的议题，要运用最后期限的力量使谈判优势最大化。你不妨考虑将议程分成明确的时间节点，让每个议题都有一个最后期限。

## 如何回答

如何回答“我发给你一份拟好的议程好吗”这个问题取决于你想要什么。如果你愿意让对方准备议程，你的回答应该是一个简单的“好的。这帮我大忙了，谢谢你”。反过来，如果你希望掌控议程，你就可以通过多种回答方式为自己争取设定议程的机会。例如，你可以说：“我已经开始起草了，我会尽快拟好并把它交给你。”或者说：“我能为你做好这件事情，马上给你送来一份。”

# 09 能当面谈谈吗

由于时间与费用的关系，谈判双方越来越不愿意聚在一起当面谈判了。现代的谈判大多数是通过电话和电子邮件进行的。尽管通过电话和电子邮件进行谈判可能更为便利，但这种谈判的结果往往差强人意。原因很明显：在电话和电子邮件里，你无法看到对方的面部表情，不能正确判定他们的语气，所以常常会导致误解。更为重要的是，电话和电子邮件谈判使你难以与自己的谈判对手建立人与人之间强有力的纽带关系。

简单地问你的谈判对手是否愿意当面洽谈，你就能促成积极的谈判结果。根据我的经验判断，如果你的谈判对手同意洽谈，那么当面谈判就会有更大收获。当面谈判的好处包括：

1. 可以了解对方喜欢什么，不喜欢什么，有什么兴趣、需要和愿望（他们的行动力）。

2. 与你的谈判对手当面建立的纽带关系效果更佳。

3. 能够看到对方的面部表情极其重要。对方是在下意识地点头表示同意，还是摇头表示不同意呢？

4. 你的谈判对手是看上去很着急、不停地看表，还是很镇定、放松、似乎没有时间压力呢？

5. 对于善于观察的谈判者来说，身体语言可以透露大量信息。对方是不是嘴里说的是一回事而身体语言却在发送一个截然不同的信息呢？

6. 对方的谈判文件夹有多大呢？是一个像手风琴一样大的文件夹，还是一个里面只装了 20～30 页纸的小文件夹呢？一个大文件夹表示，对方投入了很大的精力要与你达成交易，而且不会让交易轻易溜走。

7. 对方如何及怎样做笔记也能透露很多信息。当提到某个问题时，对方是不是突然拿起笔了呢？

当被问到“能当面谈谈吗”这个问题时，对方的思维过程包括：

1. 这个谈判是不是很重要，是不是值得当面谈呢？

2. 我应该请对方到我的办公室或我去对方的办公室，还是选一个中间地方呢？

3. 我们大概留出多少时间呢？1～2 小时就够，还是需要整整一天或更长的时间呢？

4. 面对面谈判取得进展的机会有多大，值得为此花时间和金钱吗？

5. 如果我谢绝对方，不亲自去谈判，我会向对方传递什么信息呢？会有损于谈判吗？

下面的两个实例来自我的亲身经历。通过提出这个简单的问题，我使进展缓慢的谈判产生了 180° 的大转弯。

## 实例 1

很多年前，我跟一家联营企业接洽。我给对方发了封邮件，问它们是不是愿意把我出版的书籍转售给我的客户，所得收入五五分成。这是一个非常合理的提议，这家联营企业不需要出一分钱就可能为双方赢取巨大利润。

对方的回复是：对不起，我们不感兴趣。

等了几个月后，我又给对方打了电话，并向对方解释了这个提议的好处。

对方当时回绝了这个提议。

在对方回绝了数次之后，我又打了电话，提出“能当面谈谈吗”这个问题。

对方很不情愿地同意了，并且让我经过 800 公里路程到它们那里见面。

到达对方公司后，我和一位女士在一家非常不错的乡村俱乐部见了面、吃了午餐。我和她聊了聊孩子、狗和父母等一些无关紧要的事。这个午餐持续了两个多小时。在会谈中，对方无意中提起，她正在找一本绝版的儿童读物《丢失纽扣的大地》，想送给孙子做礼物。我们谈论了其他很多事情，谈得很投机，午餐很愉快。

回到办公室后，同事们问我：“你们做成交易了吗？”当我告诉他们根本没有和这位女士谈及生意的事情时，他们根本不相信。

“你的意思是，花了整整一天的时间和 600 美元的机票钱却没有谈生意。这太令人难以置信了！”他们回答道。

我告诉同事们，如果他们想做成生意就必须做一件事情，找一本绝版了 30 年的书——《丢失纽扣的大地》!

书找到了，并邮寄给了与我共进午餐的女士。便条上写着：“工作在于勤奋，奇迹需要时间。”几天之后，我接到了对方一个感激的电话，告诉我这是为她做得最贴心的一件事情。不久之后，我又接到了对方的一个电话告诉我，在她的竭力争取下，公司马上开始转售我的书籍。此生意关系持续至今，为双方的公司谋取了不菲的利润。

## 实例 2

最近，我因一个合作了多年的公司而烦恼，就是为我们设计网站的公司，它们最近拓展了业务。我让对方重新制作公司的主网站和电子商务平台——这是一份重要的工作。令人遗憾的是，该项目的实施远远落后于原定计划。更糟糕的是，对方公司新换的与我接洽的人因为应付其他工作和个人问题而不回我的电话。我一筹莫展，非常生气，我们不能接受这样的服务。

我与对方的关系濒于破裂，我正在考虑解除合约。这是一个后果非常严重的举措，因为这样做会进一步拖延新网站的建立。此外，我也无法容忍如此糟糕的客户服务。我意识到，无论是电子邮件还是电话都无法表达内心的真实感受。于是，我发了一封邮件，问对方是否可以当面谈。他们同意了。

在会谈中，我直视对方老板的眼睛，说明了情况。我表扬了他们以前的工作，对他个人的问题表示同情，但清楚地表明自己期望什么样的服务：按时工作并在我需要时回电话。对方深表歉意，并且感谢我登门拜访。他说，他们绝不会再有这些问题了，而且他也会说到做到。我提出的亲自会谈节省了双方很多时间和金钱。

你可能问，如果你的谈判对手回答说不愿意亲自面谈该怎么办呢？这种简单的回答通常不是坏事。如果对方不接受你的好意与你见面，这就可以帮助你甄别出不诚心想做这笔生意的人。即使对方有充分的理由不能亲自见面，你提出这个问题也无妨。

## 如何应用

如果事情进展不顺，就请对方亲自面谈。当面谈判能够显著改变谈判方向，使双方受益。

## 如何回答

如果你想做成交易且愿意建立一个长久的合作关系，那么你应该做出肯定回答。当然，如果你觉得不需要这笔交易但愿意提升自己的谈判力，那么你也可以有条件地回答“能当面谈谈吗”这个问题。例如，你可以说：“请把你想谈的事情列个单子发给我，把你的最低定价报给我。如果感兴趣，我会考虑见面的。”

你会收到很多销售人员的面谈请求。优秀的销售人员知道，人们很难当面说“不”，所以总会要求当面谈。如果销售人员提出要与你当面谈，而你确实不想和对方打交道，那么你可以简单地说声“不”，或者提出某种特殊要求，例如，让对方承担你们会谈的所有费用、让对方送一些免费样品等。

# 10 我们能不计前嫌面向未来吗

**人们在很多时候必须和过去关系紧张的人谈判。双方都会因自己曾受到对方的不公正待遇而感到不快，这种不快让正在进行的谈判举步维艰**。这种情况还会出现在陷入困境的婚姻和翻脸的生意关系中。在这种情况下，就可以使用“我们能不计前嫌面向未来吗”这个简单的问题，目的是让双方忘记过去。提出这个问题要达到的具体目的如下。

- 让双方都避免纠缠于过去。
- 避免逐条地清算过去没有解决的矛盾。
- 请对方投一张信任票。也就是说，尽管双方过去有矛盾，但新协议是值得达成的（也是可能达成的）。
- 当作一个试探性气球。这个问题暗示，如果对方同意，则自己愿意面向将来。
- 至少得到对方对潜在新协议的一定支持。有人愿意不计前嫌就明确表明，此人非常想达成协议并且面向未来。

这个问题暗含的意思非常明显，即如果双方不同意不计前嫌，他们就既不可能在未来有成功的谈判，也不会有当下的一致。尽管这个问题不是以很直接的方式提出来的，但其含义已经很清楚了。如果双方继续纠缠于过去，他们实际上就不能也不会在此谈判中取得任何进展。

如果双方着眼于过去，某些冲突就永远得不到解决。当你和一个长期充满敌意的谈判对手进行谈判时，这是一个双赢的问题。如果你的谈判对手回答“不准备面向未来”，这就明确地说明：继续谈判可能只是浪费时间，所以你没必要浪费时间。如果对方给出一个肯定的回答，你就会知道有可能达成双方都满意的协议。

我运用这个方法跟问题员工进行谈判。多年以来，我不得不与一位极具天赋但给办公室制造问题的员工相处，而其他员工的抱怨与日俱增。因为这位员工独特的天赋与技术对公司来说很重要，所以我不愿意让他离开。每当与他面谈，讨论他的问题时总会提到以前的事，并且让他觉得受到了同事及管理人员的不公正对待。无计可施时，我采取了一个不同的方法：我向他提出“我们能不计前嫌面向未来吗”这个问题。他笑了，心里松了口气：我没有让他离开。他说：“我该怎样才能解决问题并成为一个更有价值的员工呢？”“我们能不计前嫌面向未来吗”这个问题帮助双方把过去的一切都抛至脑后了，并且只着重于未来。之后，他的转变非常明显。

这个问题用在非生意场合效果也不错，具体实例如下。

## 实例 1

我有一位好朋友特德，他的婚姻出现了问题，他的妻子贾尼斯让他从家里搬走。他们的问题出在挣钱和养家糊口上，没有出轨、吸毒或其他类似的大问题。特德很伤心。在离开家的几个月里，特德一直在问贾尼斯自己是否能搬回去。但总会因贾尼斯提起过去而不欢而散。我一直和特德保持联系，关心两人的进展。一段时间后，特德开始变得消沉，辞去了工作而且开始不回我的电话和电子邮件了。最后，我给特德打了个电话，留了个语音信息（他不愿意接电话）：“我有办法能让你回到贾尼斯身边。如果感兴趣，就给我打电话。”

大约5分钟后，我的电话响了——正是特德。“我该怎么做呢？”他急切地问道。我解释说，如果他和贾尼斯总是纠缠于过去，就不会有任何积极进展。如果他想知道贾尼斯是不是真的想让他回去，他就应该向她提出“我们能不计前嫌面向未来吗”这个问题。特德非常感激我的建议。他像完全恢复了生机，因为他终于找到了解决自己和贾尼斯的问题的方法了。

本书中所列的多个问题都能够帮助你进行某个特别的谈判。如果把“我们能不计前嫌面向未来吗”这个问题和“我们能当面谈谈吗”“在达成协议前你能不走吗”这两个问题结合起来使用，效果将会更好。

## 实例2

多年前，我邀请一位朋友和自己合伙做生意。结果不是很好，因为利润没有预期的那么多，而我的朋友，因为有很多债务要还，所以处境很难。他因为不能赚更多的钱让家人过上他想要的生活，所以感到很郁闷。他在和我合伙办公司的同时另找了一份工作，但他继续从公司拿钱，这使我们之间的关系变得非常紧张。我们最后彻底闹僵了。后来，我每周都会收到这位朋友的恐吓信，要求我付给他很多钱。这种情况持续了好几个月。最后，我考虑找律师解决问题了。

情绪激动时通过电话或电子邮件进行谈判不是首选方法，考虑到这点，我决定与这位朋友当面谈判。见面时，彼此客气地问候了对方。但握手时可以明显地感觉到双方的紧张关系。刚坐下，我就提出“我们能不计前嫌面向未来吗”这个问题，对方做出了肯定回答，而且双方的敌意也消失了。30分钟后我们达成了协议，我的朋友买回了之前的股份，这对双方来说是件互利共赢的事。更为重要的是，我们又找回了过去的友情。直到今日，我们还是朋友。

## 实例 3

最近一段时间，我们和一位长期供应商的关系迅速恶化了，而他正在为我们的公司承担一个新产品的制作。他的工作和家庭都出了一些问题，他的一个工作伙伴走了，这让他心烦意乱，而他的一个兄弟也生病了。

我决定安排一次面谈。在会谈中，我有意识地避免谈及过去，不提及他的所有失意。相反，双方一就座，我就提出“我们能不计前嫌面向未来吗？”这个问题，他回答说：“我对此非常感激。”房间里的紧张气氛消散了。我们不再是沮丧的客户，而成了一起解决问题的 3 位专业人士，会谈很顺利。从那天起，他们的生产进度大有改进。

## 如何应用

当谈判双方之前有矛盾时，“我们能不计前嫌面向未来吗”这个问题可以极为有效地帮助双方达成一致。将双方过去的不快全部置于一旁是一个精明、有效且可行的谈判策略。

## 如何回答

如果你想和以前有矛盾的人达成协议，你最好回答说：“能。我认为这样会很有帮助。”这种回答暗示着，你意识到计较过去将于事无补，而且你也愿意向前看。回绝这个提议可能让你感觉不错，但找到建设性解决问题的方案就会变得非常小。

# 11 你是具有团队精神的人吗

如果有人索要的报酬超出了你愿意或能够支付的范围，而你们之间是一种老板与员工的关系，那么“你是具有团队精神的人吗”就是向对方提出的一个极好的问题。无论是你先发制人地率先提出这个问题，还是在回应超出你愿意支付的要求时提出这个问题，效果都很不错。这个问题通常既可以（在你先发制人时）有效地制止对方索取更高的报酬，也可以（在你回应一个要求时）挡回对方先前提出的要求。

“你是具有团队精神的人吗”的潜台词既清楚又有力：我们在共事，我们需要具有团队精神的人。具有团队精神的人愿意合作、善解人意而不会制造麻烦。

“你是具有团队精神的人吗”是个低风险问题。有什么能比问某人是不是一个具有团队精神的人更无恶意呢？因为这是一个没有风险或风险不大的问题，所以通常可以用在长期劳资谈判中。

除此之外，这个问题极其有效。当你提出这个问题时，你得到的回答几乎都是“是”。确实，除了“是”或 “当然”之外怎么会有其他回答呢？其他任何回答都可能是自我毁灭性的。一旦你的谈判对手回答说自己是个具有团队精神的人，你的谈判地位就会得到很大程度的巩固。要支持你的论点，说明自己为什么不能给对方他们索要的报酬，你只需要指出团队的财务、组织和其他需求就可以了。

正如前面所提，使用这个问题的一个方法是先发制人。也就是说，你要在谈判对手提出一个要求之前使用它。

## 实例 1

**老板**：我很乐意为你提供这个职位，但在此之前，我还想再问你一个关键问题。

**潜在员工**：问吧。

**老板**：你是具有团队精神的人吗？

**潜在员工**：当然是。

**老板**：你能这样说，我很高兴。公司就是一个团队，不同的人在其中有不同的岗位。我们相互支持，协力共铸公司的辉煌。你明白这个道理吗？

**潜在员工**：当然。

**老板**：好的。我很乐意正式为你提供这个岗位。你起始工资是每年 32 000 美元。如果你能够尽职并帮助团队获得成功，那么你将有很多机会得到奖金、利润分成和晋升。你打算什么时候上任？

**潜在员工**：嗯，我希望工资再多点儿。工资上还有谈判余地吗？

**老板**：我开诚布公地给你说吧。我们需要的员工是打算如何为团队贡献力量的人，而不是相反的人。我们不想雇用过于关心公司能为他们做什么和一心想涨工资的人。你同意吗？

**潜在员工**：32 000 美元可以接受。我星期一上班。

**老板**：太好了。我们欢迎你。

首先提出“你是具有团队精神的人吗”这个问题为后面的工资谈判奠定了基础。一旦潜在员工同意加入团队，他就把主动权拱手让给了老板。老板有效利用了这一主动权，而潜在员工则失去在起始工资上讨价还价的权利。

我经常用这个问题来应对员工过分的要求。我通常对这些要求持强硬态度，因为一旦满足这些要求就可能导致诸多经济问题，也给办公室政治带来诸多挑战。在实例 2 中，“你是具有团队精神的人吗”被像我这样的老板用来应对员工提出的要求。

## 实例 2

**员工**：史蒂夫，谢谢你接待我。我想谈谈待遇问题。我在这里工作努力，业绩出色。我认为你应给我加薪 20 000 美元，我该得这么多。

**作者**：对你的考核 4 月底才进行，到时肯定会给你调整工资。

**员工**：我需要付账单，还要付学生贷款。根据我在这里的工作表现，我的工资应该增加 20 000 美元，现在就该增加。

**作者**：你是具有团队精神的人吗？

**员工**：当然。

**作者**：查理，你是我朋友，所以我有话直说。我们不需要只是口头上说具有团队精神的员工。我们需要的是真正在行动上具有团队精神的员工。真正具有团队精神的员工不要求特别待遇、额外的补偿或计划外的加薪。真正具有团队精神的员工踏实工作，等待机遇，而不找麻烦。如果我给你加薪，其他团队成员就会心生不满。再说了，公司也付不起你要求的加薪幅度，我需要对公司通盘考虑。对你的考核在 4 月进行。对你考核之后，我们会根据你的岗位和其他团队成员的加薪幅度给你加薪。如果你有意见，请马上告诉我。如果你没有意见，我希望你忘掉这次谈话，同时期待在 4 月对你进行考核。

**员工**：好吧，谢谢你，史蒂夫。我们 4 月再谈。

在实例 2 中，我有效使用“你是具有团队精神的人吗”这个问题来支持自己的观点。正如人们的预料，员工认可自己是个具有团队精神的人。这就让老板能非常有效地证明员工的要求为何不能得到满足。

## 如何应用

在和员工谈判时，“你是具有团队精神的人吗”是个非常有效的问题。这个问题风险低，既可以先使用，也可以在回应员工的要求时使用。对方给这个问题的回答几乎总是肯定的。一旦对方给出肯定的回答，你就可以指出员工的要求不应是一个具有团队精神的员工所为，以此来强化自己的谈判主张。

## 如何回答

“你是具有团队精神的人吗”的确是个必须给出肯定回答的问题。但你的回答最好有个限定语。例如，对待老板类似的提问，你可以回答说：“是的，但我想你不希望你的团队里有个成员心怀不满吧？”在这个回答里，隐含的意思非常清楚：我是具有团队精神的人，但我对现在的待遇不满意，我想得到改变。

# 第4章

# 吃定对方

有个高级的谈判技巧叫作吃定对方。吃定对方的基本含义是设定谈判的大致范围。这个范围可以是一个拟议价格或其他内容。成功吃定对方的好处是，对方被迫在你指定的领域和你指定的并对你有利的位置与你谈判。本章提供的问题供你在打算吃定对方时使用。

# 12 你会为 X 元做这件工作吗

大多数谈判者认为，让谈判对手先报价来开始谈判是个不错的谈判技巧，我不这么认为。那些认为应该让对方先报价的理由如下。

- 从理论上讲，对方可能提出低于你出价的价位（这几乎不可能）。
- 让对方先报价，有利于你压低价格。
- 对方报价的高低可以让你判断：
  — 对方是否急切希望达成协议。
  — 对方是否有谈判经验。
  — 被问方是脚踏实地还是好高骛远。
  — 你和对方达成协议的可能性有多少。

但让对方先报价的谈判技巧有诸多不利之处，其中包括：

- 鼓励被问方估算自己的价值。
- 迫使被问方开出虚高的价位，以便给自己留出谈判余地。
- 给对方留出思考这个问题的时间。
- 提升他们的期望值。

一旦一个人拿出了一个数字，他就不可能对你给出的更低价位表示满意。在他看来，少拿 1 美元就是“损失了 1 美元”，让对方放弃他给出的价位会非常困难，会使对方顽强反抗并感到强烈不满。

本书的报价方法可能并非众人常用，但我坚信这种方法最有效。通过先提出报价来“吃定”谈判对手是个良策。你只需向对方提出“你会为 3 000

美元做这件工作吗”这个简单的问题即可。

被问方听到这个问题后的思考过程如下。

- 我至少有一个大概价格。
- 价格太低。
- 如果那是他们的起始价，我得到的要比这个高。
- 我要多要些，但也不能要得太多。我不想不切实际。
- 如果我最后谈成的价格比这个多，我就成了英雄，一位优秀的谈判者。

通过问对方这个问题，你就为价格设定了参数。被问方在要求加价时几乎离不开这个大致范围。你的谈判对手实际上被吃定在你的建议价上，不可能偏离得太远。因此，随后的谈判就会从你率先提出的数字开始，这就是一个巨大的优势。

我在自己的生意中使用且仍在继续使用这一谈判技巧。在邀请演讲者为我的全国性会议做演讲时，我先说明不付酬金。他们就会被这个观念吃定，所以只向我提出一些无关紧要的要求，如在饭店里多住一天、租赁汽车或要一些销售产品的折扣。你不妨反过来想一想，如果问演讲者他们通常会得到什么报酬。答案可能是数千美元。你永远不可能把这么一大笔钱压低到零。那么，你就会被吃定在他们的数额上。

我做律师时就一直用这个问题，根据我的意图吃定辩护律师。我会向对方提出“10 万美元结案你能接受吗”这个问题，这是谈判的起点。如果把价格压低到 5 万美元，对方就会觉得自己是一位英雄了。但我知道这个案子只值 3.5 万美元，所以我也很高兴。

## 实例

我要聘请一位专家来做一个教育视频节目，谈判过程大致如下。

**作者：**我们想请你来我们正在制作的视频节目中做专家。我们知道你是这个领域的领军人物。节目有 30 分钟。好消息是，我们可以在你的办公室拍摄，你能以此帮助很多人。

**专家**：感谢你们的夸奖。30 分钟的视频节目听上去不错，我有报酬吗？

**作者**：嗯，由于做节目提高了嘉宾的知名度，我们通常不付费，但你是个例外。我们付你 3 000 美元如何？

**专家**：嗯，我很乐意做这个节目，但是我有两个孩子正在上大学，所以少于 6 000 美元我不干。

**作者**：嗯，这可比我们的预算高太多了，我先打个电话，请稍等……好吧，就依你，6 000 美元。

**专家**：很好。什么时候开始做节目？

这里有什么奥秘呢？谈判的最终结果以高于我报价的一倍价格达成交易，但对方没有很多时间去仔细思考这个价格是否真正利于自己，他只对自己的谈判才能和结果感到满意。因为他被“吃定”在 3 000 美元的价格上，他认为自己最多也只能拿到这个价格的 1 倍，也就是 6 000 美元。我通过询问他是否接受我的报价而一直控制着谈判的进程。

事实上，如果他没有被吃定在我的价格上，他可能考虑：

- 他通常每小时要价多少？
- 拍摄本片需要多少小时（注意，不是 30 分钟，而是近 8 小时）？
- 公司会出售这个视频节目吗？售价多少？它们会出售多少套？
- 他需要写文稿吗？（是的，他是专家。）

## 如何应用

“你会为 *X* 元做这件工作吗”这个简单的问题会悄悄地把你的谈判对手吃定在你的报价上，也会让你对最终价格的大致范围进行把控。

由于最后这个价格是被问方自己定的，他就不会再为自己同意的 6 000

美元抱怨。这是他自己设定的价格，你完全满足了他的要求，但你同时也把他限定在你的报价的可控范围内。

## 如何回答

回答“你会为 *X* 元做这件工作吗”这个问题有多种不同方法。如果你完全了解这件工作的内容，知道它对你意味着什么，如果对方的报价低得离奇，那么你可以也应该给对方报出自己的价格，而不用考虑对方的报价。这样，你就可以不让对方来吃定你，相反，你可以把对方吃定在你的价格上。例如，在实例 1 中你可以说：“不行。我的演讲费是每天 10 000 美元。”既然对方出价太低，你这样回答没有任何风险。

换句话说，如果你不清楚对方要你做什么，那么最好的方法就是先去弄清楚。例如，你可以说：“我们现在谈价为时尚早。请你把详细计划发给我，如果有问题，我会联系你的。我弄清楚之后会非常乐意给你报价的。”这个回答彻底粉碎了对方吃定你的企图，并帮助你判断对方邀请你做事的确切意图。

# 13 你为此最多付过多少钱呢

“你为此（服务或产品）最多付过多少钱呢”是卖家问潜在客户的一个不错的问题。乍听上去，这个问题很简单直接，很难相信它会起作用。但是，这个问题确实奏效。为什么这个问题会奏效呢？因为这个问题措辞巧妙，攻其不备，让被问方不得不如实回答、不能躲闪。如果被问方撒谎或闪烁其词会怎么样呢？被问方不如实回答的后果有如下几个。

- 被问方的谎言或回避会暴露无遗。
- 如果谎言被戳穿，信任或信誉可能永久受损，整个交易可能泡汤。
- 如果双方正在谈的交易涉及正在建立的商务关系，撒谎或回避问题可能损害对方的可信度，人们也会对能否与这样的人、公司或组织建立长期合作关系产生疑问。

所以，无论感觉多么痛苦，付出的代价多么高昂，如实回答这个问题是建立长期合作关系的最佳和唯一方式。这个问题能如此奏效，是因为这意味着潜在买家将给你一个“最高价位”。任何一位有经验的谈判老手都知道，价格一旦出口，就覆水难收了。

你不妨看一看下面这个来自我们亲身经历的实例。正如前面所说，本书的两位作者受聘于一家享有盛誉的一流医学期刊，作为专业谈判人员替它们与出版公司谈判以赢得对自己更有利的交易。这家拥有该期刊所有产权的非营利性医学协会（以下简称协会）认为，在出版公司给自己的支付上受到了出版公司的严重欺诈。事实的确如此。经过认真讨论之后，协会把一份征集建议书发给了全球所有知名医学出版公司。这份征集建议书邀请出版商来竞争这份医学期刊，实际上就是让他们来竞标。

许多公司做出了回应。经过漫长的筛选过程，最后剩下了 3 家出版商。这 3 家出版商被邀请参加最后的决策会议，在会上协会将选出最后中标的出版商。在一整天的会议上，3 家出版商都用详细的 PPT 文件给协会做了实力展示。协会最后进一步筛选并确定了一家出版商，并另择佳日与这家出版商进行了一天的谈判。

在与这家出版商进行的前 5 小时谈判中，我完全没有谈到价格。我们谈了 27 项内容，涉及质量控制、文化、许可、前期文章和征集出书等问题。出版商同意了所有内容。很明显，这家出版商对这份期刊志在必得。他们承认，这份期刊将是他们“皇冠上的珍珠”，打算利用这次收购来吸引其他期刊。当一开始谈到价格时，协会的条件很快被出版商接受，其中包括版税率、交版税频率和编辑费。但协会提出的有关签约金（这项内容我此前从未提及）和年通胀金条款等问题均有待谈判解决。

在休息间歇，协会的签约人和我及出版商的首席谈判代表在楼道进行私下交谈。

我提出了这样一个简单的问题：“你们在收购其他数百份期刊时的最高出价是多少？”

在稍显吃惊和思考之后，出版商给出了回答。我要求有类似的待遇，他们同意了。由于这个问题和对方的回答给协会带来了数百万美元的收入，双方皆大欢喜。一个问题值数百万美元，这就是在谈判中问对问题的回报。

## 如何应用

向对方提出“你为此（服务或产品）最多付过多少钱呢”这个问题会对谈判的结果产生极大的积极影响。你可根据你的具体谈判情况提出同样的问题，以此来达到积极有效的效果。（注意，如果你是买家，你可以使用“你卖这些东西的最低价格是多少呢”这个问题，也会有效果。）

## 如何回答

如果有人向你提出“你为此（服务或产品）最多付过多少钱呢”这个问题或类似问题，有多种回答方式。一是，你可以直接对这个问题的前提提出质疑，如说自己以前没有收购或出售过类似的东西。这样，你的回答就会很简单，就说：“我们以前没有遇到过此类事情，这是我们第一次遇到。”当然，在如此回答时你要有所准备，以防对方问你为何这次与你以往不同。二是，你可以稍有变化地回答，如给对方说：“股市崩盘和市场垮塌之前发生的事与眼前的情况都不同，还是关注当前吧。”三是，说自己不知道。一个简单的“我不知道”或“我觉得我们没有相关记录”就可以了。四是，你可以直接回答，如说“对不起，我们不讨论有关所有权的内容”或“我们不透露其他客户的经济信息”。

# 14 能告诉我大概价格是多少吗

“能告诉我大概价格是多少吗”这个问题是用来让卖家猝不及防的，目的是让卖家给出一个比较低的价格，从而不让你的企业失去机会。即便对方给出的价格日后可以再讨价还价，卖家也会在日后的谈判中被吃定在这个比较低的价格上。

这个问题的潜台词对卖家来说是清楚可辨的。价格对你而言是重要的，你在四处寻找最低价格。听到这个问题后，卖家很可能给你一个对你有吸引力的较低价格。否则，卖家就会有失去这单生意的风险。

最适合提出“能告诉我大概价格是多少吗”这个问题的场合是购买一种定制服务，如咨询、专业服务（法律、财务等）或卖家不进行大量调研很难确定工作量的建筑工程。如果产品或服务的价格是公开透明的或卖家已在广告中明确了价格，那么就不适合再提这个问题了。

提出这个问题的最佳时机是在咨询卖家的起初。把这个问题放在你正在寻找卖家的信息中也不无帮助。例如，你可以说：“你好，我打算给自己的房子安装浇水设备，已经给几个卖家打了电话。你能给我出个大概的价格吗？”在咨询过程中，你越早提出这个问题，卖家就越会感到措手不及。

询问大概价格也可以降低风险。你很可能得到的答复是，对方要求了解具体情况或让你报个大概价格。不管是哪种情况，你询问大概价格都没有什么风险，你可以做任何选择。

如果卖家要你提供更多细节，那么你就需要做出一个决定。你提供的细节越多，卖家提供较低价格的可能性就越小。然而，如果你不提供细节，卖家就不会给你报价，因为他在这种情况下不知道自己该怎么报价。如果你继续要对方报价，那么你就可能失去谈判的优势。在这里你确实有风险，因为你的选择余地越大，你做的交易对你就越有利。否则，反之。

如果你继续要对方报价，给你提出如下建议。一是，给自己要对方报价找一个借口。例如，你可以说："如果你不在我们的考虑范围，我不想浪费很多时间去谈判。"二是，你自己装傻。例如，你可以说："我没有你要的这些细节，我的老板就让我打电话问问价格。"三是，一定要给自己留有余地，这样风险才低。一定不要断然说你要对方报价是往下谈的前提，这样会让自己无选择的余地。

你最后的要求是要对方报价。由于卖家可能需要和你做成交易，所以可能给你一个有诱惑力的价格。如果对方报价太高，你可以继续找有实力的卖家，以免把自己的时间浪费在给一个没有竞争实力的卖家讨要报价上。如果对方的报价确实非常有竞争力，你可以也应该在此后与任何一个卖家谈判时提出这个价格。

## 实例 1

数年前一名医生就因报价问题而失去了一次良好的赚钱机会。某天，有人给他打电话，邀请他为一些保险业的人员办讲座。双方谈判过程大致如下。

**保险代理**：医生，我们想邀请你来给我们办一次讲座，3 月 4 日在迈阿密，就一天时间。你能把旅费包括在内给我们报个价吗？

**医生**：好的。一天时间，加上旅费。5 000 美元你看可以吗？

**保险代理**：嗯，它比我们预算的价格稍高了一些，不过就 5 000 美元吧。

**医生**：谢谢。

实例 1 中的这位医生后来得知，该保险公司向听他讲座的每位学员收取注册费 300 美元，300 名学员听课。这项活动有 90 000 美元收入，而他加上旅费只得到了 5 000 美元。这是他的错误导致的直接后果。他的错误在于，在还没有了解邀请他去办讲座的所有重要细节时就匆忙给出报价。

## 实例 2

最近，我的公司打算买一套专业的办公设备。经过调研发现，有 3 家公司生产这套设备，但没有一个是明码标价的。所以，我不得不让员工给销售部打电话。打电话时我的一位员工使用了询价技巧。有两家公司拒绝报价，因为需要考虑的事项很多。下面是给了报价的一家公司的反应。

**作者的员工**：你好，我们在对贵公司生产的型号为 XYZ123 的机器进行调研，你能给我一个大致报价吗？

**销售员**：我可以帮你。首先问一句，最近好吗？

**作者的员工**：好极了，你呢？

**销售员**：也很好，谢谢。我可以问你几个问题吗？

**作者的员工**：最好别问。我们老板给了我一个厂家清单让我联系，他让我不要和销售人员有过多纠缠，就要一个报价，看看我们是否可以考虑。我为此很抱歉。我们老板有些挑剔，我要在 1 小时内联系所有厂家。你能给我报个价吗？

**销售员**：5 000 美元。

**作者的员工**：谢谢。我会跟你再联系的。

任何一名聪明的销售人员都知道，如果你是在了解市场，那么他会给你这个潜在买家报一个有吸引力的价格。实例 2 中我的员工就是这样做的。他有准备地回避了对方所有具体细节的要求。问题奏效了，他也有准备地给对方强调，价格对他很重要，他在调查市场。此后，我利用这个 5 000 美元的报价，在与 3 家公司进行细节谈判中压低了它们的价格。最后，我成功地以更优惠的价格购买了设备。

## 如何应用

“能告诉我大概价格是多少吗”这个问题最适合用在咨询、建筑、专业服务和其他特定服务谈判中。要求对方报价会非常有效，因为它使对方措手不及，并能使你得到一个非常有利的价格。如果你的谈判对手试图离开这个吃定的价格，你可以有效地给他指出这个价格。如果你能给自己留有余地，那么使用“能告诉我大概价格是多少吗”这个问题的风险很低。要让这个问题发挥最大作用，你应该准备一个自己不要详细报价的理由。这个问题应该在谈判中尽早使用。

## 如何回答

在你不了解具体细节的情况下给出大致报价会对你这个卖家不利，因此应当极力避免。对于“能告诉我大概价格是多少吗”这个问题，你可以直接回答说：“我可以给你更好的服务，也可以给你一个详细的书面报价，不过我需要你再提供一些信息。只需要 5 分钟，我们就可以在电话里搞定。”这个回答非常合情合理，因为你答应给他们提供比他们要求的更多的信息——一个详细的书面报价，而不是一个大致报价。

# 15 你了解行业标准吗

设计“你了解行业标准吗”这个问题的目的是让你的谈判对手同意将行业标准作为启动谈判的内容。使用这个问题的前提是，要对这些行业标准进行认真调研。

提出这个问题的潜台词是，你对这些行业标准非常熟悉。这会向对方表明，你是内行，不会轻易上当的。这个问题的另一个好处是，你的谈判对手很难向你提供不合标准的产品和服务，因为那样他就有失去你的很大风险。

以下是我在实践中使用“你了解行业标准吗”这个问题的成功案例。

## 实例

我给几个出版商写过多部教材，下面是我与一个主要出版商的谈判内容。

**出版商**：我们想让你们给我们写一部教材。

**作者**：这个听上去很有意义。条件是什么呢？

**出版商**：对了，我们会付10%的标准版税。

**作者**：你了解这里的行业标准吗？通常要付15%。

**出版商**：是啊，可以浮动。10%～15%都符合标准。

**作者**：在出版之前，你们在拿到手稿、编辑、改写上需要花多少时间和精力？

**出版商**：简单地说，很多。

**作者**：我们保证我们的著作会按时交付、出版。我们是专业作者，已经写过 10 部教材了。

**出版商**：这很了不起。

**作者**：我们不是普通作者，所以应该得到最高的 15%的版税。

**出版商**：那我跟我们领导商量一下。

数天后，出版商回了电话，表示同意我提出的 15%的版税。通过这个问题，我将版税提高了 5%。提前做功课并在适当时候提出这个问题确实给我带来了丰厚的回报。

还有其他许多类似的实例。我和宾馆负责人商谈举办会议的合同就是其中一例。无论何时，只要我发现事情不对头，合同有对我不利的内容，我总是提出“你了解这里的行业标准吗”这个问题。一旦我提出这个问题，对方就会去除合同中对我不利的条款，并调整其他条款，使其更符合行业标准。

## 如何应用

如果你在行业标准上做了功课，“你了解这里的行业标准吗”在谈判中就会是一个非常奏效的问题。使用这个问题可以确保你不会拿到一个对自己很不利的协议。

## 如何回答

一般来说，回答“你了解行业标准吗”这个问题有两种方法。

一是，质疑这个具体行业是否有统一标准。关键是要弄清你所处的具体情况，并给对方解释为什么这些行业标准在这里不适用。例如，你可以说：“我当然知道出版行业的一般标准，但我们这个情况不同。我给你解释为什么不同……”

二是，精心准备，使行业标准为己所用。你要指出行业标准如何对你有利。你这么做的意图是，你了解行业标准，标准就是这样的，这些标准对我有利而不是对你。例如，你可以说："是的，根据行业标准，版税不能高于10%。"

请注意，要如此回答时，你先要做功课，熟悉行业标准。

# 第5章 创造优势

谈判成功与否直接取决于你能开发多少谈判力。谈判力的产生靠的是谈判技巧，其中，包括展示对方会有什么损失、限制对方的备选方案、拓展自己的备选方案、不显得过于急切、把将来可能遇到的问题摆在对方面前，以及把可能说明你为什么不能同意对方拟议条件的信息透露出来。本章的问题就是要帮助你创造并提升谈判力。

# 16 你准备失去我们这个客户了吗

作为产品或服务的一个长期优秀客户，你常常在“为继续使用该产品或服务的定价谈判”中处于极佳位置。在洽谈这种生意时，用一种温和的口气向对方提出“你准备失去我们这个客户了吗”这个问题，可以迫使该产品或服务的供应商提供最优惠的价格。这个技巧极其有效。

要有效地使用这个问题，你必须先赢得信誉，让供应商认为你是一个长期优秀客户。怎样才是一个长期优秀客户呢？

- 长期优秀客户是快速付款，不拖拉、不投诉、不与供应商斤斤计较的客户。
- 长期优秀客户是与供应商或卖方合作了一段时间的客户。
- 长期优秀客户是持续需要产品或服务的客户。
- 长期优秀客户是做事有条理、知道自己需要什么产品或服务的高效客户。
- 长期优秀客户是乐意向其他潜在客户推荐产品或服务的客户。

由于赢取新客户不但需要花费大量资金而且相当困难，所以，现有客户要比新客户带给你的利润多更多。当提出“你准备失去我们这个客户了吗”这个问题时，公司的销售员或销售代表会面临以下棘手问题。

- 他的职责是赢取生意而不是失去生意。
- 他通过佣金方式提供的补偿也许直接关系到是否留住你这个客户。
- 如果客户流失了，他将不得不向自己的上级领导详细解释原因，而且很可能需要反复解释。
- 很可能必须由他本人来找一个品质类似的客户来替代这个客户，这不是一件容易的事。
- 他将不得不盘算：
  — 这个客户对公司的长期与短期价值是多少？
  — 如果这个客户离开，公司会损失多少利润？
  — 损失的利润该如何弥补？
  — 要留住这个优秀客户，公司会少拿多少利润？

多数销售员和销售代表非常清楚，更替长期优秀客户是件令人望而生畏的事情。赢得新客户的费用是为现有客户服务的费用的 6 ~ 13 倍。

想到这些，销售员和公司代表会想方设法地取悦长期优秀客户，以便留住他们。

正如前面所述，要使用“你准备失去我们这个客户了吗”这个问题，首先，要建立长期优秀客户的信誉。如果你是个令人讨厌的人，卖家也许很愿意摆脱你。其次，你要做好功课，拿到较低的竞争性报价。最后，你在问对方这个问题时，态度一定要温和，不要威胁对方。你要证明自己的行动是出于经济上的需要。记住，你将来还要跟这个卖家做生意，而且对方也要有钱赚。所以，如果你想让对方继续给你提供产品或服务，你的要求必须合情合理。

## 实例

我无数次用过“你准备失去我们这个客户了吗”这个问题。2008 年秋，我的公司受到了突如其来的经济衰退的严重冲击，而公司的大部分收入来自咨询与培训。在经济急速衰退中，多数公司所做的第一件事是缩减咨询与培训。不用多说，这让我的生意举步维艰。

为了宣传公司的会议和咨询服务，公司每年都要散发 100 多万套 36 页的彩色宣传册。印制这些宣传册要花费数十万美元。很多年以来，公司都是让某个印刷商印制这些宣传册，他们的印刷质量一直很好。因为这些彩色宣传册关系到公司的一大部分收入，所以我最关心的就是印刷质量。

2008 年金融危机爆发时，我除了节约成本之外别无选择。由于这家印刷商的印刷质量非常高，他们的服务质量也无可挑剔，我想继续和他们做生意。现在到了和他们重新谈判、争取利益的时候了。

我已经做好了谈判的一部分准备工作。对于印刷商来说，我们是长期优秀客户。应该说，是卓越客户。我每次都及时付款，而且每年都找他们印刷。我从未向他们索要过免费赠品、体育比赛门票、礼物或其他类似东西（很多卖家尝试用这些赠品来讨好客户）。

谈判的其他准备工作则需要付出一些努力。我让一位同事四处协商，争取让其他印刷公司答应以更低的价格印制公司的宣传册。这花了他大约 1 个月的时间，但他做到了。虽然他得到的绝大多数报价都高于我们当下支付的印刷费，但是，他确实找到了某些要价非常低的印刷商。拥有了这些报价，我们开始了与对方的谈判，具体谈判如下。

**作者**：约翰，我们送过来的是你们竞争对手的报价，我想你已经收到了吧？

**印刷商**：对，收到了。谢谢你这么做。

**作者**：你知道我们找你是要解决这个问题的吧？

**印刷商**：是的，我明白。这无可厚非，我们的费用是比他们的高。

**作者**：这个我知道。你们对我们非常好，我们认为你们的活儿干得非常漂亮，客户服务也是一流的。我们确实想和你们继续合作，但在眼下的经济衰退中，我们承受着巨大的经济压力。在我跟他们做生意之前，我只想打个电话过来并直截了当地问一句：你准备失去我们这个客户了吗？

印刷商：感谢你给我们这个机会。给我 24 小时，让我看看我们能有什么办法。

第二天，我接到了对方的回电，同意降价。印刷商说，如果在这个价格上再让利他们就没有利润可赚了。我相信他们说的话，而且因为喜欢他们的产品，所以就继续和他们合作了。现在，我们成了名副其实的长期优秀客户——我们和他们同舟共济度过了一个极其萧条的经济时期。

对于我的公司来说，“你准备失去我们这个客户了吗”这个问题具有切实的现实意义——我们节省下的钱能避免解雇员工。我从经营这家公司中得到的最大满足莫过于此——通过我的谈判技巧和辛勤劳动，我的公司能够让员工养家。

## 如何应用

对于拥有良好生意记录的客户来说，向对方提出“你准备失去我们这个客户了吗”这个问题是个非常有效的激励因素。它通常会为客户带来有利的协议。通过得到竞争性报价可以为提出这个问题做好铺垫。此外，要想让这个问题更具效力，提出这个问题时语气要客气，不要威胁对方。

## 如何回答

如果你的定价没有灵活性，你就很难回答“你准备失去我们这个客户了吗”这个问题。在这种情况下，你可以谨慎地回答说：“我们非常看重你们的企业，而且非常愿意长期为你们服务。这已经是我们的最佳定价了，如果你们资金紧张，我们可以为你们提供一个在你们预算范围内的修订服务或低价材料。”这个答案有理有据，但也给对方一个提示：降低费用就会减少服务。

如果你确实拥有定价的灵活性而且愿意接受任何挑战性报价，那么回答这个问题就容易多了。在这种情况下，你的答案可以相当强硬。你可以说：“我们不想失去你们，愿意尽一切努力让你们满意。对于任何具有竞争性的书面报价，我们都能比它更低。”

# 17 你知道我们是唯一来源吗

在谈判中，如果谈判者是某产品或服务的唯一提供者，那么他掌控整个谈判。当你的谈判对手开始把你当成某产品或服务的唯一来源时，他就会面临 3 种选择：

1. 得不到这个产品或服务。这个产品或服务可能是他想要或需要的。
2. 尝试在市场上找到某个和你的产品或服务同样好的替代品。
3. 同意你的条件，你要多少钱就付给你多少钱。

成功运用这个问题的关键前提在于为自己定位，让你的产品或服务看上去是独一无二的。这个工作必须在谈判之前完成。一旦你定好了位，让自己看上去是这个产品或服务的唯一来源，只要简单地提出“你知道我们是（此产品或服务的）唯一来源吗”这个问题，你就可以巧妙地把这个信息传递给对方。这个问题非常有效，它会引起被问方的很多反响，其中包括：

- 被问方如果先前没有意识到这个事实就会感到震惊。
- 有必要承认这一点的准确性。
- 这个问题的被问方会立刻失去谈判力。
- 向问题的提问方承认：
  - 自己知道对方是唯一来源。
  - 对方拥有全部谈判力。
  - 对方可以获取自己想要的一些需求。
- 降低被问方的期望值。

- 承认要做成这笔交易需要拿出特别高的出价。
- 意识到自己可能无法与谈判对手达成交易。

要一直力争让自己销售的产品和服务处于独一无二的位置。如果你生产的产品和提供的服务大多数都是独一无二的，那么你就能够以不菲的价格销售这些产品和服务。在销售这些产品和服务时，你要让谈判对手意识到，你是唯一的来源。要做到这些你只用客气地向对方提出“你知道我们是（此产品或服务的）唯一来源吗”这个问题，以下的实例是我怎样运用这个问题来彰显自己的谈判优势。

## 实例

20 世纪 90 年代初期，我产生了开发一个新产品的想法。美国医学会销售一本名为《AMA 指南》的教科书，每版销量大约为 5 万册，这本教科书是内科医生为工伤人员做检查和填写工伤赔偿索赔时的必读书。总而言之，这本书主要介绍为工人检查的内科医生如何根据法律做出判定：受伤的工人应该得到多少钱。

《AMA 指南》的篇幅较长、内容复杂难懂，用起来很不方便。内科医生要费九牛二虎之力才能弄懂并使用这本书。我的想法是制作教学录像，向内科医生们解释如何使用《AMA 指南》。然而，要制作此产品，我需要得到美国医学会的同意和合作。

经过数月尝试后，我最终得到了美国医学会的约见，并飞到了其位于芝加哥的总部去见相关负责人。谈判的对话大概如下。

**作者**：正如你们所知，我们建议把你们的《AMA 指南》做成系列教学录像，每章为一个视频，解释如何正确使用这本书。我们想成套销售这些视频，价格是这本书的 5 倍，所得利润我们双方五五分成。

**美国医学会（经过内部讨论后）**：好吧，这个主意不错。制作教学录像这一点没有问题。我们可以从中赚不少钱，但有一个问题：我们为什么要让你们这样的小公司制作教学录像呢？我们自己可以拍成录像，100%的利润都会归我们。

**作者**：你知道我们是此项服务的唯一来源吗？我们已经和你们这本书所有章节的作者签署了只允许我们制作录像的独家合同。我们已经锁定了这些作者。

**美国医学会（流露出震惊的表情并经过内部讨论后）**：你们的提议听上去不错，就五五分成吧。

仅在生意的头 4 个月，我的公司就在这些录像上直接得到了 400%的利润率。最终，我最初投资的利润率超过了 1 500%。我之所以取得如此令人惊讶的成功，其关键在于我做好的铺垫——与这本书的所有作者签订与我的公司做独家交易的合同，这让我的公司成为这些录像的唯一制作者。当你完成一些前期工作后，如果向对方提出“你知道我们是（此产品或服务的）唯一来源吗”这个问题，那么对自己非常有利的交易也就唾手可得了。

在其他生意上，我的公司也不断力争让自己的产品或服务看上去或确实是独一无二的。公司有专门培训专家证人作证技巧的独立律师，创办了唯一一个非临床职业内科医生大联盟（不想给病人看病而愿意转向其他职业，如为制药公司或保险公司工作的内科医生的联盟组织）。我的公司是唯一一家为专家、证人提供一对一咨询律师的公司。这样做的目的非常明确——如果你想收取高额的费用，你就必须在谈判之前定好自己的位置，让自己成为某产品或服务的唯一来源，并且通过向对方提出“你知道我们是（此产品或服务的）唯一来源吗”这个问题把这个信息传递过去。例如，经常有愿意做个人助手帮助拓展专家证人实践的内科医生联系我。（内科医生在法律纠纷中担任专家证人一般每小时可以赚 500 ~ 1 000 美元。）而只有我的公司拥有能为他们提供服务的这些律师。当潜在客户质疑我们的费用时，我就会提醒他们，我的公司是唯一一家提供这些服务的公司。这总是让我的公司处于谈判的优势地位。

## 如何应用

把自己定位成唯一来源并且向对方提出“你知道我们是（此产品或服务的）唯一来源吗”这个问题，不但可以为你带来非同凡响的谈判结果，而且让你能够为自己的产品或服务谋取极高的价位。

## 如何回答

回答“你知道我们是（此产品或服务的）唯一来源吗”这个问题的方法主要有两个。一是，质疑对方是唯一来源的断言。例如，针对实例中的情况，你可以回答说：“你不是唯一来源，你从未跟章节作者签过合同，我们可以让这些章节作者自己来拍摄这些录像。”

二是，当对方确实是唯一来源时，你要尽力降低对方的谈判力，而要做到这一点的最佳方式是，强调你如何不需要对方销售的产品或服务。例如，针对实例中的情况，你可以回答说：“那很可能不错，但我不需要你们这个服务。这是因为你的独家合同只包括录像，而我们可以让章节作者制作光盘或编写《AMA 实用手册》。”

# 18 你有备选方案吗

“你有备选方案吗”这个问题几乎可以用在所有的谈判中。拥有最佳备选方案的一方因为不需要交易——他们有其他选择，所以通常拥有最大的谈判力。这个问题的妙处在于，它迫使你的谈判对手说出自己的备选方案。如果对方没有备选方案，那你就处在一个非常有利的讨价还价的位置上。即便对方确实说出了备选方案，这个问题也有助于推动谈判的进展，让你把重点放在针对这些备选方案上。

如果你能够判定被问方其实除了你之外没有其他备选方案，这是一条非常重要的信息。

- 对方的选项或备选方案越少，你在谈判中得到的优势就越大。
- 你的谈判对手没有找到备选方案的事实（你可能知道这个事实）往往会意味着他达成协议的时间很紧。
- 你可能完全处在驾驶员的位置，能够完全控制谈判且提出你的价格。

事实上，当你能够断定你是城里的唯一表演者时，你就变成了唯一来源，那么很多传统的谈判规则就不再适合你了。

你应该问自己一些问题，看自己是不是处于唯一来源这个令人羡慕的位置。这些问题包括：

- 对方是否迫切需要你？
- 涉及多少钱（如果不能让你达成协议，他们可能有多大损失）呢？
- 你是否想把他们逼得很紧，而愿意冒谈判失败的风险呢？

被问方在听到“你有什么备选方案吗”这个问题后所经历的思考过程如下。

- 我不想承认自己没有备选方案。
- 如果我说有备选方案，对方问我的备选方案是什么，我答不上来，那么我的诚信就会受到对方的怀疑。
- 如果我惹恼了谈判对手，他可能提出一个更高价格来达成协议，或者直接放弃谈判。
- 放弃选择他们的代价太高了，我担当不起。
- 承认没有备选方案，也许这样会更好一些。

是否能够向对方提出“你有备选方案吗”这个问题并得到诚实的回答，会让谈判结果截然不同，以下是一些实例。

## 实例 1

我认识一家健康服务公司的老板，一天，这位老板接到了一家国有公司打来的电话，询问收购他的公司的事宜。尽管他希望着出售自己的公司，但让他感到不解的是，一家大型的国有公司为什么会对他的小公司感兴趣呢？他无法得到一个直接答案，于是就向对方提出“你有什么备选方案吗”这个问题。他惊喜地听到对方说没有备选方案，他还了解到对方对自己的公司突然感兴趣的真实原因。实际上，这家国有公司想马上在他所居住的州开一家分公司，而他的公司是唯一拥有所需执照的公司。

知道这个真实原因后，这位老板能够以高于公司价值 5 倍的价格与对方谈判。

下面这个实例来自我的公司。

## 实例 2

一位著名的出庭律师打电话给我，让我以专家证人的身份为一个案件作证。他与我的洽谈内容如下。

**出庭律师**：我们想请你以专家证人的身份为一个案件作证。这个案件涉及得克萨斯州工伤赔偿法是否符合宪法。

**作者**：非常感谢你的邀请，但我不得不谢绝你。我从未以专家证人的身份作证，而且我有律师事务和其他事情要做，非常忙。

**出庭律师**：由于这个案件非常重要，所以我们确实非常想请你去作证。

**作者**：我不是不好说话，可是你为什么不从 1 万个工伤赔偿律师中找一个给你做专家证人呢？

**出庭律师**：因为你在这个领域里有声望，所以我们更愿意请你去。

**作者**：你有备选方案吗？

**出庭律师**：因为你是唯一写过这方面著作的律师，所以我们只想找你。

**作者**：我确实很忙。案子涉及多少钱？

**出庭律师**：事实上，这个诉讼案件涉及数十亿美元，对方给了我一张空白支票用来聘请世界上最好的专家证人。我们已经聘请了 22 位专家。

**作者**：迄今为止，你们聘请专家的最高费用是多少钱？

**出庭律师**：每小时 500 美元，但他是国际著名专家。

**作者**：如果从我离开我家位于马萨诸塞州法尔茅斯市的车道开始计费，一直算到我回到家为止，每小时 500 美元，我可以答应你。

**出庭律师**：你想要多少预付费呢？

**作者**：1 万美元。

**出庭律师**：我用联邦快递把支票寄给你。

在这次谈判中，向对方提出“你有备选方案吗”这个问题所挣到的钱足够支付我上私立大学的女儿两年的学费和食宿费了。这当然是后话。

下面是来自我亲身经历的一个实例，供你参考。

## 实例 3

几年前，我拓展公司时想雇用一个刚从商学院毕业的学生。我对这个毕业生的印象很好，给他提供了最高的薪水，但他对我提出的薪水感到十分失望。下面是有关薪水谈判的完整记录。谈判不足一分钟，但谈判的结果是我没有多花一分钱。

**作者：**我们给你提供的年薪是 5 万美元。

**商学院学生：**（愁眉苦脸）这个实在太低了。你知道我是个工商硕士吧？我可以让你看个数字，商学院毕业生第一年的平均年薪是 9 万美元。

**作者：**如果有人出 9 万美元的年薪，我建议你接受。你有备选方案吗？

**商学院学生：**（沉默了 4～5 秒后）没有。

这个商学院学生第二天回了电话，接受了我所提供的薪水。"你有备选方案吗"这个问题削弱了他讨价还价的能力，从而使谈判速战速决，并使他毫无悬念地选择接受当下的条件。

如果遇到你的谈判对手回答说有备选方案这种情况，那么你该怎么办？首先，不管哪种情况，你问对方这个问题都不会有任何损失。如果对方提供了自己的备选方案，你既可以做进一步调查，也可以通过让对方了解你的备选方案是什么予以反击。假设实例 3 中的学生说自己有备选方案，事情会如何发展。

**作者：**我们给你的年薪是 5 万美元。

**商学院学生：**（愁眉苦脸）这实在太低了。你知道我是个工商硕士吧？我可以让你看个数字，商学院毕业生第一年的平均年薪是 9 万美元。

**作者**：如果有人出 9 万美元的年薪，我建议你接受。你有什么备选方案吗？

**商学院学生**：（沉默了 4～5 秒后）我正在考虑很多机会。

**作者**：非常好。我祝你好运。我们等你 24 小时，如果在 24 小时内得不到你的答复，我们就把这个机会留给我们面试过的其他高素质应聘者。

我通过强有力地描述自己的备选方案对这个学生含混不清的备选方案予以还击。提出“你有备选方案吗”这个问题有利于推动谈判的速度并可增强你的谈判力。

## 如何应用

在几乎所有的谈判场合中，“你有备选方案吗”都是向对方提出的一个不错的问题。你可能发现，你的谈判对手没有备选方案，而你就是唯一的选择。如果情况如此，你就掌控了整个谈判。即使对方说自己有备选方案，这个问题也可以推动谈判向前发展，它不但揭示出重要的信息，并且为你说出自己的备选方案提供了便利机会——增强了你的谈判力。

## 如何回答

你可以用不同方式回答“你有备选方案吗”这个问题，最常用的是给对方一个如“我有很多种选择”之类的含糊其辞的答复。这种回答的优点是，你不用清楚地回答对方你有没有可行的备选方案；缺点是，不说出详细情况，你的具体备选方案会显得不可信。回答这个问题的另一种方式是，把你准备好的更为吸引人的备选方案清楚地列出来。例如，针对实例 3 中的情况，你可以回答说：“我正在考虑一个年薪 8 万美元的就业意向。”这种回答方式需要你提前做好准备，如果你能实事求是地给出这样的答案，你的谈判优势就会得到极大的提升。

# 19 我能推荐别人吗

你在谈判中的决定能力越强，谈判结果就对你越有利。赢得决定能力的一个方法是，让你的谈判对手觉得你炙手可热而且不急于做生意，而向对方提出“我能推荐别人吗”这个问题，就是给对方这种印象的一个既简单又方便的方式。这个问题的潜台词既直接又有力：“和你做不做生意都没关系，除非你改变自己的谈判立场，否则我就走人。”在恰当的情形中提出“我能推荐别人吗”这个问题会产生极其有效的效果，会为你赢得更为有利的价格。

运用这个问题的最佳情形是在双方僵持不下，你的谈判对手拒绝接受你的价格或提供了一个低价却又不愿意提高时。在这时，提出“我能推荐别人吗”这个问题可以增加谈判筹码且挑战谈判对手的决定能力。“我能推荐别人吗”是个有效的问题，原因具体如下。

- 你在让你的谈判对手摊牌，并且相当清楚地告诉对方：你准备好了，愿意而且也能够从谈判桌前走开。
- 你的谈判对手如果想和你达成交易，他就必须对自己的期望和谈判地位进行重新评价。
- 由于你不仅看上去愿意退出谈判而且还愿意推荐其他供应商，而推荐的供应商可能是你的竞争对手，所以你表露的是一种高度的自信。

不论你提供什么服务，如果你已经建立了一个高质量供应商的声誉，那么这个问题起到的效果是最佳的。“我能推荐别人吗”这个问题的关键效力在于，你的谈判对手相信你提供的服务在某方面具有独特的价值。要想成功运用这个问题，你必须努力找到一个小众市场并且为自己建立拥有优异或独特价值的声誉。

需要注意的是，“我能推荐别人吗”是个略带风险的问题。在很多情况下，你的谈判对手会接受你的提议。所以，如果你认为给你提供的价格可以接受但不是很理想，或你的谈判对手正在货比三家，那么你用这个问题就可能达不到你的预期目的，反而会错失商机。

**使用这个问题的最佳时机是，你已经预先确定你的谈判对手已经认可了你的声誉或价值。**要想查明这点，一个好办法是在谈判之始判定对方是如何找到你的。如果他们是通过别人的推荐或慕名而来的，那么“我能推荐别人吗”就是在适当时机提出的一个不错的问题。相反，如果你的谈判对手是通过给电话簿上的公司逐个打电话的方式找到了你，提出这个问题就可能达不到预期效果。这是因为对方没有认可你的名声，他正在货比三家且更关心价格而不是质量。

提出这个问题你会有这样的风险：如果你的谈判对手答应让你推荐了，那么你该推荐谁呢？正因为如此，你需要做好推荐一两个人的准备。一般来说，你不应该把这种推荐当作一种失败。如果对方提出的价格对你没有意义，那么与做没有经济效益的生意相比，提早终止通常更划算。此外，如果你的谈判对手像一个苛刻的人或不好应付的人，把这个生意转给他人会对你更有利。

“我能推荐别人吗”这个问题还可以让你讨好自己的一个竞争对手。把对你没有经济效益的生意转给一个竞争对手是个精明的做法。这是因为，如果你的竞争对手将来遇到了不适合自己模式的、忙不过来的或由于利益冲突而不能接的潜在生意，他们通常会把生意介绍给你，以作为对你的回报。

通常情况下，你把对方介绍给自己的竞争对手，而对方是不会告诉你的竞争对手自己是如何得到他的名字的。如果你确实推荐了你的竞争对手，你最好还是亲自告诉他。你可以打个简短的电话或发送一封电子邮件给竞争对手。

当我和想聘请我们做培训或咨询的客户谈判时，我一直运用“我能推荐别人吗”这个问题。我能够使用这个问题的一个原因是，我们已经努力在一个小众市场建立极好的声誉了。而且在这个市场里，我们的竞争对手寥寥无几。实例 1 是谈判的一般进展情况。注意我在运用“我能推荐别人吗”这个问题之前是如何获取这位潜在客户对我们声誉的认知的。

### 实例 1

**某公司**：我们想请你们给我们做一个为期两天的培训。你给我们什么报价呢？

**作者**：你是怎么知道我们的？

**某公司**：董事会收到了成员的推荐。他们听过你们的培训课，对你们的印象极其深刻。

**作者**：那在什么地方什么时间培训？主题是什么？预计有多少人参加培训？你们收取他们多少费用呢？

**某公司**：地点是加利福尼亚州纳帕市，时间是 4 月 15 日，主题是作证技巧，我们希望有 150 人参加培训，我们收取每人 200 美元的培训费。

**作者**：如果给我们 1.5 万美元，我们就可以答应你。这笔费用包括我们的旅行费和为每个培训人员准备的详细手册费。

**某公司**：这超出了我们的预算。我们计划的费用不超过 2 500 美元。

**作者**：我明白。我能推荐别人吗？当地的一个律师也许符合你们的要求，他在海湾地区。

**某公司**：你知道纳帕的春天是多么宜人吗？饭店里有一个非常好的温泉浴场，你们的妻子或丈夫会喜欢的。你会感受到那里的阳光，而且我们的很多成员都是赫赫有名的人物。

**作者**：这个听上去挺诱人的，但是做这个培训需要我们付出大量时间。我们要准备，要研究。另外，去东海岸来回会花费我们整整两天的时间。如果你愿意，我们可以给你们找个愿意在你们的预算之内给你们做培训的人。不管怎样，我很高兴……

**某公司**：等等，你先别着急。等会儿给你回电话。

（两小时之后）好消息。我们将把培训费提高到 300 美元。这样我们就可以给你 1.5 万美元了。

有时谈判对手会接受你给他们介绍他人的建议，实例 2 就是这类谈判的具体内容。

## 实例 2

**潜在客户**：我参加过几次你们的研讨班，想看看是否能请你们做顾问。费用是多少呢？

**作者**：我们每小时收费 500 美元或根据任务收取定额费用。

**潜在客户**：那太贵了。我的预算只有 1 500 美元。

**作者**：我能推荐别人吗？

**潜在客户**：那太好了。

**作者**：找米基·多诺万。电话号码是 555-555-1234。他收费比我们低得多。

**潜在客户**：谢谢！

尽管我们丢了这笔生意，但在这种情况下向对方提出“我能推荐别人吗”这个问题是件正确的事情。首先，这个问题给我提供了提升自己谈判地位的机会。在我问过这个问题后，对方同意我的要价的机会还是有的。虽然在实例 2 中，这个问题没有奏效。但事实是，我能够迅速判定这个客户正拿着 1 500

美元寻找价值 7 500 美元的服务，这两者之间的差价不可能通过谈判得到弥补。正因为如此，对于这个客户我离开得越早越好，而且我在这个客户的心中留下了一个正面的印象。

此外，由于我接着给竞争对手米基·多诺万发了封邮件，说明了把客户介绍给他的事情，这增进了与米基·多诺万的友情。总而言之，“我能推荐别人吗”这个问题对你来说是个有百利而无一害的谈判技巧。

## 如何应用

提出“我能推荐别人吗”这个问题让你显得可以随时退出谈判，可以极大地提升你的谈判优势。但提出这个问题有一定的风险，其风险在于你的潜在客户会接受你的推荐而终止谈判。因此，“我能推荐别人吗”这个问题最好运用于以下情形：双方的价钱差异巨大（终止谈判对你没有什么损失）；你拥有极好的声誉（拿你的价格与你的竞争对手的价格进行比较就像拿苹果和橘子进行比较——风马牛不相及）；你的谈判对手很看重你的声誉，因此，他们不会简单地寻求最低的价格。

## 如何回答

一般来说，对于“我能推荐别人吗”这个问题应该回答说：“我很希望和你合作，但对你的推荐也会非常感激。”这种回答避免了因为说不行而让你的谈判地位荡然无存的情况，也能让你与提出这个问题的人继续谈判，好过于你直接接受推荐。

# 20 如果这次谈成了，将会给你带来多少生意啊

如果谈判双方之间似乎有大量商机，那么谈判的整体动态可能且常常也确实会发生变化。“如果这次谈成了，将来会给你带来多少生意啊”这个问题的目的在于，把你的谈判对手以后有可能和你合作当作赌注首先摆在对方面前。让对方考虑到以后的合作则会显著提升你的竞争优势。

与只做一锤子买卖相比，能够成为长久生意伙伴更具价值。如果双方建立每年都可以做生意的一个长期合作的关系，那么对于你的谈判对手来说，1 万美元利润的一笔买卖就可以看成 10 年价值 10 万美元的生意。

通过提出“如果这次谈成了，将来会给你带来多少生意啊”这个问题，说明你在强烈地向对方暗示成为长期客户的可能性。当你提出“如果这次谈成了，将来会给你带来多少生意啊”这个问题时，你的谈判对手可能：

1. 开始算账。例如，每年 3 笔交易×5 年×每笔 15 万美元=225 万美元。这显然提高了谈判筹码。对方不是面临损失一笔 15 万美元的潜在交易，而是面临要损失 225 万美元的生意。

2. 开始考虑是否给你更多的优惠，以便迈出获得头笔交易的第一步。

3. 开始思考如何向领导说明自己在洽谈头笔生意时做出如此多让步的原因。

4. 考虑让利，想做成头笔生意以招揽更多的生意。认为要招揽一个新的长期客户，值得这么做。

这个问题的潜台词相当清楚。它的目的是：我们要是达不成协议，就不会有后面的交易，而且我以后的生意都不会和你做了。这个问题的妙处在于，它可以用在很多不同类型的谈判中，而且对你没有任何损失。你的谈判对手也许会尝试让你为未来生意做出承诺，但你只要客气地说“让我们稍后考虑将来的事情。我想看你在这个订单上的表现如何”就可以轻而易举地避开做承诺了。

在你的谈判对手面前提及未来订单是简单易行的，它是提升你的谈判力并得到更好交易的一个好方法。我在自己的很多谈判中运用了这个技巧。

## 实例 1

几年前，我与一个网站设计师进行谈判的大概内容如下。

**作者**：我们想让你为我们的一位客户设计一个简单的网站，帮助他宣传自己。

**网站设计师**：我很高兴为你做事。制作一个简单网站的费用是 5 000 美元。

**作者**：这超出了我们的预算。

**网站设计师**：我根本不愿意干这种小活儿。它们很费时间而且客户的要求可能很高。4 000 美元也许……

**作者**：我觉得你应该知道我们有 1 300 位客户，他们中的很多人都需要网站。如果你做得好，我们就会把你推荐给我们的客户。如果这次谈成了，你想我们将来会给你带来多少生意呢？你是个自由职业者，你觉得自己能够成功地处理多少新生意呢？

**网站设计师**：好的，我接这个活儿。我的最低要价是 3 000 美元。你什么时候把你的其他客户介绍给我呢?

通过在这个网站设计师面前提及未来生意的可能性(但绝没有承诺未来工作),我将他的价格降低了整整 40%。这就是提出一个简单、诱人、非冒犯性也非对抗性问题的直接效果。

## 实例 2

几年前,我想换掉一家邮售商店服务商。邮售商店是经营大宗邮件的实体店。我安排了一次面谈。在这次洽谈中,我提出"如果我们这次谈成了,你想我们将来会给你带来多少生意呢"这个问题。我一提出这个问题,你就可以看到邮售商店老板的眼睛都亮了。我得到了一个对自己非常有利的价格。而这个洽谈的最终结果也是一个双赢结果:在过去的 7 年多时间里,我的公司确实每年都给这家邮售商店提供上百万件邮件的业务。

## 如何应用

"如果我们这次谈成了,将来会给你带来多少生意啊"是个强有力的、几乎没有风险的问题。这是因为,对于你将要与之谈判的很多渴望业务的生意人来说,未来生意的可能性几乎是个不可抗拒的诱惑。

## 如何回答

回答"如果这次谈成了,将来会给你带来多少生意啊"这个问题的最佳方式是争取签署一个不能撤销的长期交易协议。例如,你可以说:"如果你同意签订一个 3 年协议,我们让利 5%。"如果能成功地锁定一笔多年的生意,你就算大功告成了。遗憾的是,精明老练的谈判者可能不会同意被锁定在一个长期的合同里。然而,这种回答值得一试。

另一种方式是，你要让自己显得确实对今后的生意感兴趣，但不会过于强烈。你可以回答说：“我们很期待以后类似的营利性生意，但我们做的每笔生意都必须值得我们投入时间和精力，让我们现在找一个双赢的解决方案。如果可能，我们可以在以后一起做生意。”给出这个答案的目的是，既期望有一个长期的生意关系，也表示自己并不急于与对方做生意且需要得到合理的报酬才行。

# 21 你知不知道……（暗示资金紧张）

在谈判过程中，向对方暗示你不愿意做某事是一回事，而暗示自己做不到某事则更容易一些。暗示资金有限是个非常有效的谈判技巧。在为购买某物与对方谈判时，向对方提出“你知不知道我们只是没有那么多钱”这个问题或类似问题可以简单有效地表明，你只是支付不起对方提出的价格，也许你可以赢取一笔合算的生意。

“你知不知道我们的预算有限”这个问题最好用在你是购买者并在努力洽谈一个低价格的时候。这个问题的潜台词很简单，即钱是我关心的事情，价格是个大问题，即便我想支付你提出的价格我也做不到，我就是付不起。

这个问题本身没有多少风险。但在某种情况下，即你让卖家借给你钱并把它作为交易的一部分的情况下，这个问题是个高风险问题，应该避免使用。在这种情况下，表明资金有限会让你显得信用不佳，因此会适得其反。

向对方提出“你知不知道……（暗示资金紧张）”这个问题有很多好处。

首先，这个问题把焦点放在了你的支付能力上，而不是产品本身上。因此，你质疑或批评的不是谈判对手的产品或服务，这会减少谈判的争议性。

其次，它给了你一个回旋余地。为什么这么说呢？这是因为通过向对方提出“你知不知道……（暗示资金紧张）”这个问题，只说明你在强烈地暗示但并未直言：由于资金很紧张，你需要一笔好生意。向对方提出这个问题不会让你自己陷入困境，让谈判以失败而告终。如果你说："现在资金很紧，我们只付 1 000 美元，一点也不多出。"就会得到完全不同的结果。在这种情况下，你就会因为一种极其不灵活的方法而让自己陷入困境。

最后，如果问得恰当，会让你的谈判对手同情你。你的谈判对手是有感情的，所以，他们自然想把最好的交易让自己喜欢或同情的人做。

你不妨想一想你的谈判对手的思维过程。当听到"你知不知道我丈夫刚丢掉工作"时，对方很可能认为，做人不能太绝情，还是给你一个好价格吧。如果你成本意识很强，或者没有钱支付高价，那么如果对方要价太高，他就有可能失去这笔交易，最终什么也得不到。

"你知不知道它的股值损失了40%多"这个问题最好用在谈判刚开始时，或者用在价钱快谈失败时。先发制人地把这个问题用在谈判的开始，可以相当有效地降低你的谈判对手的期望值。而出现价格方面的争议时使用这个问题，可以打破一个可能出现的僵局，把价格谈判转向有利于你的方向。

在日常生活中和工作中，我多次运用类似问题赢得了好处。

## 实例 1

2008 年秋，我想聘请一个计算机程序员做一些信息技术工作，他给我一个 3.5 万美元的报价，但我的预算只有 1 万美元。对方的报价远远超过了我的预算，于是，我决定不尝试讨价还价，而是找在自己的预算范围内做这个工作的人。我给这个计算机程序员打了一个电话，在电话里，我没有尝试跟他谈判。电话的大概内容如下。

**作者**：谢谢你的报价。虽然我很遗憾，但我想还是给你打个电话吧。我相信你是位优秀的程序员，但这个报价远远超过了我们的预算。我们必须找个要价不这么高的人。

**计算机程序员**：你们两位已经做了 30 年的生意而且两位都是律师，怎么会付不起呢？

**作者**：你知不知道我们的生意因为这次经济衰退缩水了 50%？我们主要的业务是培训和咨询，多数企业已经严令禁止继续教育和咨询了，我们受到了很重的打击。

**计算机程序员**：对不起，我不知道这点。我祝你们一切顺利。

一周之后，这个计算机程序员打回电话说，同意相应地缩小工作量，让费用控制在 1 万美元的预算内。我们之所以能够达成协议，一方面是因为双方同意将工作的规模缩减到只做核心部分，另一方面是因为这个程序员意识到我支付不起他先前的报价。一个“你知不知道我们的生意因为这次经济衰退缩水了 50%”的问题马上改变了谈判的基调与进程。

这个谈判技巧非常有效，它甚至可以用于你觉得无法谈判的公共事业公司及其他公司。我运用这个问题与电话公司就我的家庭电话事宜进行了一次成功的谈判。

## 实例 2

**作者**：你好，我是你们的一个客户，想了解一下你们有没有更优惠的价格。我正在考虑取消所有的固定电话，只用手机。

**电话公司**：先生，你应该非常谨慎地做出这个决定。手机有时会没有信号，而且如果电池没电而你有急事需要打电话时，你就打不了电话了。

**作者**：是的。我很愿意继续使用你们的服务，但电话费是个问题。你知不知道我妻子在银行上班？她是我们家养家糊口的人，而银行每天有数十万人下岗，我们非常担心她会失去工作，所以需要尽可能多地节省开支。

**电话公司**：让我看看我们有没有什么降价或促销能帮你一把。哦，这里有一个。明年的每个月免收电话费的 20%怎么样？

**作者**：这样我们就能应付了，就这么说定了。非常感谢！

## 实例 3

我还运用这个技巧与房东谈判。在过去的 30 年里，我的公司的房租每年都在涨，我要求延长租赁期。我给房东发了一封电子邮件，内容大概如下。

亲爱的鲍勃：

你知不知道我们的生意因为这次经济衰退缩水了 50%？我们正在考虑租约的事项，希望能省些钱。在新租约里你能给我们减多少租金呢？

我收到了对方返回的租约，第一年的租金减少了，第二年和第三年的租金与第一年一样，将不会变动。这个问题的信息非常有用，即我承担不起租金的增长，我没有钱。先发制人地运用“你知不知道我们的生意因为这次经济衰退缩水了 50%”这个问题为谈判设定了基调，有助于阻止租金的增长，而且更理想的是，让房东降低了租金。

## 如何应用

表明资金紧张可以有效地传递给对方这样的信息：你只是支付不起对方提出的高价。在购买一个产品或服务时，提出“你知不知道……（暗示资金紧张）”这个问题可能是帮助你获得优惠价格的一个非常有效而且风险很低的方法。被问到这个问题后，你的谈判对手将不得不考虑，如果在价格上不灵活一些是否会失去这笔交易。所以，这个问题无论是用在工作上还是用在个人生活中都同样有效。

## 如何回答

回答“你知不知道……（暗示资金紧张）”这个问题的一个好方法是要证明一点：你给出的价格会让对方省钱或挣钱。例如，你可以回答说：“听到这个消息，我很难过。但好消息是，这更加有力地说明你为什么要上我们的培训课程。这个课程将教给你如何做专家证人，每小时赚 500 美元。”

回答类似问题的另一种方法是，扭转局势并且强调你自己的成本也在增加。这种回答要传递的信息非常清楚：尽管我非常想帮助你，但我无能为力，我的成本结构不允许我这么做。例如，你可以回答说："是啊，我听说了也能感受到你的痛苦。但健康保险和税收增加了，我们今年的成本也在一路攀升。我真希望有更多的机会帮你一把。"

# 22 你知道你的竞争对手要价更低吗

买家最大的一个优势是可以从正在和你谈判的卖家的竞争对手那里购买商品或服务。如果发生了这种情况，卖家就会失去这笔生意。提出“你知道你的竞争对手要价更低吗”这个问题是以简单、客气、低风险且极其可信的方式暗示卖家，你要购买其竞争对手的东西，从而让卖家给你最低的价格。

“你知道你的竞争对手要价更低吗”的潜台词清楚而有力。它的意思是，我做了调查，并从你的一个竞争对手那里发现了更优惠的价格。如果你的价格不低于或至少与你的竞争对手的价格持平，我就从你的竞争对手那里购买产品或服务，那么你就会失去一位客户。

那如何及何时运用“你知道你的竞争对手要价更低吗”这个问题所达到的效果最佳呢？首先，你应该货比三家，做好自己的功课。多找几个价格，或至少找 3 个价格，然后决定你更愿意和哪个卖家（抛开价格）做生意。例如，你喜欢这个卖家的服务或他们处在一个方便的位置。那么你就选择这个卖家进行谈判。如果你得到了一个比其竞争对手低的价格，你就尽可能地与这个卖家砍价，然后接受这笔交易。然而，如果你谈的价格高于其竞争对手的价格而对方不肯让步，你就提出“你知道你的竞争对手要价更低吗”这个问题。

在谈判中，只要你不为时过早地问对方这个问题，那么“你知道你的竞争对手要价更低吗”就是一个低风险的问题（以下会详细说明）。最糟糕的结果莫过于卖家会说自己无法降价。卖家会以某种方式设法告诉你，他的产品、服务或品牌与其竞争对手的不同，两者之间不具有可比性。如果卖家尝试用两者之间不具有可比性来反击你，那么你只管用再次着重于你的备选方案来反驳他。去这个卖家的竞争对手那里购买产品或服务这个暗含的威胁通常会极其有效，举例如下。

**买家**：你知道你的竞争对手要价更低吗？

**卖家**：我们的服务水平不同。我们干这行已经30年了，他们才刚起步。

**买家**：这么说，你不愿意降到他们的价格以下了？

**卖家**：我没有这么说。我们当然会打败他们的，我们服务好、价格低，这是我们的价值主张。

“你知道你的竞争对手要的价更低吗”是个非常好的问题，它把你的谈判对手置于一个非常为难的境地。被问到这个问题的卖家，如果拒绝降低价格以便与竞争对手的价格持平，就很有可能失去这笔交易。一般卖家都会降低价格，与竞争对手的价格持平或低于对手的价格。如果卖家不能或不愿意降价，那么你手里仍然有其竞争对手的低价格供你选择。我时常运用这个基本谈判技巧和问题，效果非常好，实例如下。

## 实例1

几年前，我要帮自己年迈的叔叔买一辆新车。我们转了几家销售店，我叔叔选择了自己喜欢的型号。我给我叔叔房子附近6～7家经销商打电话，询问了价格。这大概花了1小时的时间。带着好几个竞争性报价，我们走进了叔叔房子旁边的一家汽车经销店。因为在这里买车比较方便，我极力主张买这里的汽车，谈判的大概内容如下。

**作者**：你们的要价是多少呢？

**销售员**：我们可以按2.25万美元的价格卖给你。

**作者**：这比我想象的贵。2.18 万美元，你可以接受吗？

**销售员**：说实话，我可以降到 2.24 万美元。

**作者**：你知道我们有附近一家经销商的报价吗？对方的要价是 2.199 9 万美元。

**销售员**：我们可以比那个价格还低。谢谢你提醒我们，我们将以 2.199 8 万美元卖给你。

**作者**：成交。

请注意：我一直等到经销商给出报价之后才提出这个问题，而且尝试着在提及竞争性报价之前就顺利地让他降了价。其原因很简单，你不要过早摊牌。如果这个经销商的要价低于我的竞争性出价（如 2.199 9 万美元）该怎么办呢？如果要价确实低于竞争性出价，你仍然可以继续谈判，只是你不要提及你了解的其他出价都比这个价位高。

## 实例 2

**作者**：你们的要价是多少呢？

**销售员**：我们可以按 2.25 万美元的价格卖给你。

**作者**：你在价格上有多大的灵活性呢？

**销售员**：不大。

**作者**：如果你要 2.169 9 万美元，我们就成交。

**销售员**：我们的最低价是 2.179 9 万美元。

**作者**：成交。

因为没有透露底牌，我最后谈成的价格比我从其竞争对手那里得到的低价还低 200 美元。你一旦透露自己的最低备用价格，你就永远也得不到一个更优惠的价格了。正因为如此，在双方就价格问题僵持不下之前，你永远不要透露其竞争对手的价格。

## 实例 3

我最近想从前门到车道铺设一条人行砖道。卖方 1 号报价 9 000 美元。我给卖方 2 号打电话，在与卖方 2 号洽谈时，我从未提及卖方 1 号的报价。结果卖方 2 号报了一个 4 200 美元的价格。假如我过早地问卖方 2 号是否知道卖方 1 号收取的费用是 9 000 美元，他就会知道我的备用价格是多少，他要的价就会远高于 4 200 美元。

我在日常生活和工作中一直使用这个基本谈判技巧。最近，我谈了一笔价值 6 位数的印刷合同。我先获取了一个竞争性报价，并且带着这个要价与我的优选卖家进行谈判。这让我节省了 2.5 万多美元。获取竞争性报价花费了 2 ~ 3 小时。这样算下来大致相当于每小时 1 万美元——这对你付出的时间来说是个相当令人满意的盈利。

## 实例 4

在撰写本书时，我与一位亲戚聊天。这位亲戚说一根管子突然砸到了房子上，他必须做各种修理工作。其中一项工作是他必须更换一个供暖装置。

“哇，一个得花多少钱呢？”我问道。

“这个嘛，他们的报价是 8 000 美元，但我们砍到了 4 000 美元。”我的亲戚回答道。

“你知道，我正在写一本有关谈判的书，你能告诉我你是怎么做到的吗？”

“我用很长时间先拿到了一个 4 250 美元的竞争性报价，就告诉对方他的要价太高了。他就直接把价钱降了下来，给出了低于竞争对手的价格。”

我的亲戚能够不辞辛苦地货比三家、获取竞争性价格，最终能够将价格降低 50%。这说明花费在购买大宗买卖上的调研与货比三家的时间总是不会白费的。如果你做了功课，你就能够让一个卖家与另一个卖家相争，自己从中获取渔翁之利。

## 如何应用

带着从一个卖家的竞争对手那里得到的低价去找这个卖家，并向这个卖家提出“你知道你的竞争对手要价更低吗”这个问题，常常可以轻而易举地让对方大幅降价。只要你不过早摊牌，这个谈判技巧就没有什么风险。有效地运用这个问题的关键在于，你要先做好功课。你一旦做好了功课，得到了竞争性报价，你就可以去和自己首选做生意的卖家谈判了。

## 如何回答

回答“你知道你的竞争对手要价更低吗”这个问题的最佳方式是，尝试以令人信服的方式将竞争对手提供的产品或服务与自己的产品或服务区分开来。你要告诉对方他是在对风马牛不相及的两件东西进行比较。例如，针对实例 1 中的情况，你可以回答说：“他们给你报价的是一辆 4 缸不带遮阳顶篷的车，所以他们的价格才会这么低，而现在你跟我们要的是一辆 6 缸带遮阳顶篷的车。”

另一个好方法是，对这种说法表示非常怀疑。你可以问对方是否拿到了书面报价，因为你想看详细资料。如果对方给你提供了详细资料，你要仔细地研究这些资料，并尝试说明你销售的产品或服务有什么不同，为什么更有价值。把你怀疑的信息传递给对方的方式是，接二连三地问对方一些问题。这些问题既可以暗示你对这个竞争性报价表示怀疑，也可以让对方对你的竞争对手的报价产生怀疑。例如，你可以回答说：“我猜想许可证和工程设计没有包括在报价里吧？他们不会用 2×6 的结构吧？”或者说：“是啊，他们是便宜了 20 美分，但他们不会在你的壁炉凌晨两点停止工作时出来为你修理的。”

如果对于同样的服务，你的竞争对手的价格确实比你的价格低，那么你的最佳回答就是大大方方地承认这个事实，并且尝试达成交易。例如，你可以说："感谢你提出这一点。我们一直提供最低的价格，而且非常乐意给你出更低的价格。"但采取这种方法的前提条件是，你既可以降低价格又可以获取利润。

# 第6章 做大蛋糕

最令人满意的谈判是双赢的谈判。双赢的谈判常常会使双方建立长期的生意关系。在很多情况下，如果对方对谈判的结果也感到满意，那么你的境况确实会好很多。其原因很简单，如果对方不高兴，他们将来就不愿意和你做生意，那你就需要花宝贵的时间和金钱寻找其他的生意伙伴。本章的问题就是要帮助你提升双赢谈判结果的可能性。

# 23 我们要不要共同努力做大蛋糕呢

生活幸福、生意兴隆的基础常常建立在打造并维护一个互利双赢的长期关系上。问对方“我们要不要共同努力做大蛋糕呢”这个问题的目的就是要促进互利双赢的长期关系的建立。这个问题的潜台词很简单：如果愿意共同努力，而不是相互为敌，那么双方的境况都会好起来。

在大多数情况下，作者都坚信双赢的谈判。在这种谈判中，双方对谈判结果都感到满意。如果合作使对方赚了钱且感到高兴，那么对方将会继续与你做生意。如果对方对谈判结果不满意，你迟早都需要寻找新的生意伙伴。新生意伙伴也许不如老生意伙伴好，但你要寻找一个替代者并与其进行谈判。这样做既费时间又浪费金钱。如果你想把一个“零和”谈判变成一个“双赢”谈判，那么“我们要不要共同努力做大蛋糕呢”就是问对方的一个不错的问题。

“我们要不要共同努力做大蛋糕呢”是个非常有效的问题。它的有效性在某种程度上是因为它的措辞。这种措辞使对方几乎无法说“不”。谁会说不愿意做大蛋糕或至少应弄清楚怎样做大蛋糕呢？人们怎么能够抵制生意需要谈判双方的共同努力这个前提呢？

事实上，人们几乎总会因“如何做大蛋糕”这个问题而给出肯定的回答。你会听到下面常见回答中的一个：

- 当然。你有什么想法呢？

- 听上去不错。我们怎么开始呢？
- 我们应该从小做起，然后再逐步做大吗？
- 什么样的事情能助你一臂之力呢？
- 我真正需要的是甲事物还是乙事物？
- 改变付款条件、协议范围、交货日期、提高或降低质量会对我们有所帮助吗？

一旦你的谈判对手对这个问题做出了肯定回答，找到一个双赢的办法也就容易多了。这一点的原因很多，其中包括：

- 此谈判不再被认为一个一方胜利而另一方失败的零和博弈。
- 当双方共同努力时，就会更加畅通地交换信息。
- 双方能够更加坦诚地谈论自己的需求、目标、兴趣与愿望。
- 双方达成共识：都希望建立一个共利双赢的长期关系。
- 要让这种关系发挥作用，谈判双方竭诚希望确保自己的谈判对手取得成功。
- 确保你的谈判对手的成功会激励他们履行所达成的协议。
- 谈判中我赢你输的紧张气氛会消失。
- 双方开始共同努力寻找创造性的解决方法。
- 双方之间会建立信任。
- 双方僵持不下的可能性会大幅降低。
- 谈判的重点放在营造新的商机、协同共进及未来协议的可能性上。
- 合作解决问题的方法让很多谈判者因为减少争议、减轻压力而感到更加愉快。
- 双方的关系被认为比冲突更为重要。

当谈判已经陷入停滞状态但尚未达到各持己见、各不相让的程度之前，提出“我们要不要共同努力做大蛋糕呢”这个问题所达到的效果最佳。这确实是一个令人感到温馨的问题，它能够迅速消除紧张关系，并有助于建立共利双赢的长期关系。作者在谈判中无数次使用过这个问题，取得了巨大的成功。

## 实例

20 世纪 90 年代，我正在寻求拓展网络营销的业务。我想建立一个订购网店和一个主页。这个主页要内容丰富、更新及时、搜索引擎优化、维护妥善并且能产生大量的、每周 7 天、每天 24 小时的销售量。由于公司内没有人手来做这件事情，我就决定新招聘一个人。

我看中了一名应届毕业生，他是一个非常聪明的人，刚从一所一流的法学院毕业。我叫他桑迪。在远离大城市的地方，桑迪这类人凤毛麟角。我开始与桑迪谈判。问题是，如果桑迪到一家大型法律事务所工作（他具备这个资格），他会要求一个 6 位数的年薪。一方面我支付不起桑迪 6 位数的年薪，另一方面我也意识到如果给桑迪的薪水低（也就是说我赢，他输），一旦有人提供更高的薪水，他可能马上就会另谋高就，离开我的公司。

在就薪水问题跟他反反复复地谈判了一段时间后，我尝试了一种不同的方法。我问桑迪："这次谈判需要我们双方达成一致才行。所以，我们要不要共同努力做大蛋糕呢？"他爽快地答应了。我向他解释说，我们了解他的价值、才华、学历背景和潜在能力。还解释说，我们的公司跟大城市的法律事务所不一样。后来我与桑迪就薪酬方案迅速达成一致。根据这份协议，桑迪可以得到我能够支付得起的且体面的年薪，外加按我的电子商务网站销售总额比例计算的一份保证红利。

这份协议是真正的双赢，双方感觉都很舒服。如果桑迪能够通过电子商务销售额给我做个大蛋糕，我会非常乐意跟他分享这块大蛋糕。同时，我也没有保证给桑迪一份我们支付不起的固定工资。桑迪也意识到，根据这笔交易，他的收入潜力实际上高于他在律师事务所工作的收入，对此，桑迪在工作中有很高的积极性。桑迪为我工作了很多年，把我的公司的电子商务的收入从零迅速提升到今天它所呈现的状态——在我的生意中占据着相当重要的份额。

## 如何应用

通过询问对方“我们要不要共同努力做大蛋糕呢”这个问题，可将一个竞争性的零和（我赢、你输）谈判转变成一个寻求共同成功的双赢谈判。这个问题令人难以抗拒。它几乎总能让你的谈判对手给出积极的回答。一旦你的谈判对手认可做大蛋糕的理念，要达成一个让谈判双方都有利可图的双赢交易也就容易得多了。

## 如何回答

“我们要不要共同努力做大蛋糕呢”不是一个对抗性、骗人的问题。回答这个问题的最佳方式很简单：“当然可以。你有什么想法？”这个回答将让你得到一个创造性的双赢提案，供你仔细考虑。

# 24 我们尝试一下能有什么损失呢

并非所有的谈判都是双方的对抗，有时你参与的一些最重要的个人及经济谈判是跟同事、生意伙伴和家庭成员之间的谈判。“我们尝试一下能有什么损失呢”是个非常不错的问题，可以用在很多谈判中。

“我们尝试一下能有什么损失呢”的潜台词非常有力：我们同进共退。我们只是在提议某个我认为对我们双方都有效的方法。如果这个方法无效，我们就不必继续进行。不尝试对我们也没有什么损失。

使用“我们尝试一下能有什么损失呢”这个问题的效果相当显著。它的效果之所以如此显著，是因为人们几乎无法拒绝。你的谈判对手很难对这个问题回答说“不”。其中的原因很多，包括：

- 既然没有什么损失，何不尝试一下呢？
- 有什么能比尝试一下、看看有什么结果更为合理的要求呢？
- 提出这个请求的人是一个家庭成员、生意伙伴或同事，对如此合情合理的提议说“不”会损害这种关系。
- 你在自己的问题中暗示，如果这个方法不奏效，你将收回自己的请求。

如果你想让这个问题奏效，关键在于拿出一个让双方无须承担风险就可以尝试的提议。这包含两方面的意思：第一，你的提议需要能够易于解除；第二，你的提议中应该没有成本高、有损名声或其他不可挽回的伤害风险。

你的提议还应该具有灵活性。当你提出“我们尝试一下能有什么损失呢”这个问题时，对方也许会提出一些合理的要求。这些要求涉及尝试所承担的风险、尝试约定的条款、尝试约定的时间及如何判定尝试成功或失败等对方所关注的事项。你需要准备好修正自己的提议以满足对方此类合理的关注点。

如果当你提出“我们尝试一下能有什么损失呢”这个问题时，对方给出否定的回答，你通常会问对方为什么。对方通常会说，尝试这个建议会承担太多的风险。如果真是如此，那么你需要做好准备，说明此项建议没有什么风险。你的提议要有灵活性且风险低。

“我们尝试一下能有什么损失呢”这个问题是用于公司内部谈判的一个最有效的谈判问题。我们的公司由 4 个合伙人共同经营，它是一个拥有不同背景和经历的多样性团体。然而，我们 4 个人有两个共同之处：他们每个人的意志都非常坚强，而且对自己的主意都非常自信。

经营生意，特别是经营一个面向小众市场的生意，是一门艺术而不是科学。没有书本能够告诉你应该做什么，而且在很多情况下，你也没有前例可循，让你准确无误地了解在某种情形下该做什么。这些因素让经营生意非常具有挑战性，但同时也激发你的智慧。

当我们就要做什么的问题在企业内部进行谈判而没有前例可循时，那么唯一可用的、最有效的和最成功的谈判技巧就是提出“我们尝试一下能有什么损失呢”这个问题。当决定是否要开发某个新产品时，必须就潜在风险与潜在收益进行权衡。我们的公司最近为内科医生开发的一项服务就是个例证。

## 实例 1

我提出了一个服务项目：内科医生付给我们一笔年费，我们则向保险公司推荐这些医生，让这些医生得到包括审查医疗档案在内的咨询业务。谈判过程大致如下。

**作者**：我有个不错的主意，我认为我们应该制定一本《全国医疗档案审查咨询师目录》。我计算过了，我们每年收取医生们 395 美元，把他们的信息发布在网络上，印制成目录，并推荐给保险公司。我们可以赚一大笔钱，而且这是个可持续的服务。

**反对的合伙人**：你的上个主意让我们损失了 5 万美元，我们还没有缓过劲儿来呢。

**作者**：这次不一样了。我对我们的客户进行了仔细的调查，他们对建立《全国医疗档案审查咨询师目录》这个主意表现出了很高的热情。

**反对的合伙人**：我不赞成。我们过去对某产品的需求评估也很好，但到了最后，产品还是卖不出去。另外，医生们可能不愿意做这份工作，它每小时只有 100～200 美元。

**作者**：我告诉他们这个数字了，但他们仍然感兴趣。

**反对的合伙人**：嗯，如果我们做了这个目录，而医生们却没有得到咨询工作会怎么样呢？这样会有损我们的声誉和品牌。

**作者**：我也想过这个问题了。如果 9 个月里得不到咨询工作，我们保证给他们退全款。这样，他们会有什么损失呢？

**反对的合伙人**：我们还是认为这个建议不好。

**作者**：我们尝试一下能有什么损失呢？我可以发出一份初期运作测试单。如果签约的医生不够，我们就把钱退还给他们，不再提及这件事了。这样，我们不使用太多的开发费来制定目录。反过来，如果我们得到了我所期盼的良好回应，我们就在制定目录上多投资。如果事情真是这样，我们就拥有了一个持续性的产品，不断地为我们赚钱。

**反对的合伙人**：如果你在起步和初期市场运作阶段的花费不超过 2 万美元就行。

**作者**：同意。如果结果不好，我将是第一个建议取消此计划的人。我们是在拿2万美元的风险赌无限期地每年赚取5万美元乃至10万美元的机会。那就给它一个均等的机会，看看会发生什么吧。

我能够在这场谈判中获胜是因为，我制订了一份风险低（在产品确实卖得出去之前不花很多开发费）而潜在回报高（每年一次的持续性产品）的生意计划。而且如果事情不尽如人意，则很容易从中抽身（把从订单中收取的费用退回去，从此不再提及此事）。在这些条件下，他的合伙人几乎不可能拒绝只尝试一下的建议。我运用这个问题也是一件好事，因为测试邮件最终产生了非常好的回复。如果没有提出“我们尝试一下能有什么损失呢”这个问题，这个宝贵的新产品就可能永远无从起步。

下面是运用“我们尝试一下能有什么损失呢”这个问题的另一个实例。它是本书一位作者的妻子南希进行的一场最令人满意、最成功也是最有回报的谈判。

## 实例2

几年前，南希生完第一个孩子时，她在一家大银行上班。她想多陪陪自己的孩子。她的公司有个政策：员工可以在“得到上级领导的酌情考虑和批准后”实行弹性工作制。她问老板自己是否可以星期五休息，星期一至星期四延长工作时间来补足周五的工作时间，她的老板犹豫不决。谈判过程大致如下。

**南希**：既然我休产假回来了，我想跟你谈谈，我是不是可以星期五和孩子待在一起，但星期一到星期四延长工作时间呢？

**老板**：我很不想这样做。你是个律师，如果你的业务员有问题或需要你，那么你确实需要在场给他们提供帮助。

**南希**：我已经跟他们讲清楚了，他们也很支持我。如果星期五需要我上班，我会为我的客户服务的。

**老板**：我们每隔一周的星期五上午召开法律团体员工会议。

**南希**：我会关注这些会议的。如果需要或要求我参加这些会议，我会来开会。“我们尝试一下能有什么损失呢？”可以先试3个月。3个月后我们可以重新安排、重新评价，看看这样做的效果如何？

**老板**：好吧，这听上去像一个切实可行的方法。

3个月后，这成了一个长期安排。通过问对方“我们尝试一下能有什么损失呢”这个问题，南希获得了极其宝贵的利益——她能够有更多的时间陪伴自己的小宝宝和蹒跚学步的孩子们。这个问题之所以能够成功运用，是由于她提出了一个低风险的提议（星期五需要她时，她会在场），而只要她恢复每周工作5天，这个提议就会自然而然地失效。

对于“我们尝试一下能有什么损失呢”这个问题，如果你是一个产品或服务的销售商，并且提供退款保证，那么这个问题的修改版会相当有效。在这种情况下，这个问题应该这么问：“如果你不喜欢，那我们保证全额退款。你没有什么损失，为什么不尝试一下呢”如果有退款保证，就可以运用这个问题了。实例3为一个典型的谈判过程。

## 实例3

**潜在客户**：我正在考虑报名参加你们的《全国医疗档案审查咨询师目录》，但我想知道我花395美元能得到多少生意？

**作者**：实话实说，我没法告诉你准确的数字。这是一个全新的产品，不同的医生所赚的钱数不一样。但我能告诉你的是，我们在9个月内保证全额退款。有我们的退款保证，如果你不喜欢这个产品就可以退出并且得到全额退款。你什么损失也没有，为什么不尝试一下呢？

**潜在客户**：好的，我尝试一下。我想我也没有什么可损失的。

## 如何应用

提出“我们尝试一下能有什么损失呢”这个问题合情合理，所以它是个非常有效的问题。要想让这个问题获得成功的机会最大，你应该提出一个风险非常低的提议。如果你的谈判对手有合情合理的担忧，那你还应该做好变通的准备。这个问题最好用在同事、生意伙伴及家庭成员之间的非对抗性谈判中。对于有退款保证的产品或服务销售商来说，提出修改后的这个问题（有退款保证，如果不喜欢，你可以退货并得到全额退款。你什么损失也没有，为什么不尝试一下呢）会收到非常好的效果。

## 如何回答

“我们尝试一下能有什么损失呢”是同事间最常问的一个极其合情合理的问题。回答这个问题的方式主要有两个。第一个是答应尝试一下。一般情况下，最好要明确尝试的期限、条件及其他细节。如此一来，大家对尝试的内容容易达成共识。例如，针对实例 1 中的情况，你可以回答说：“好的，我尝试一下这个新产品。如果在 6 月 1 日之前报名的医生达不到 20 人，我们就承认这个计划失败并终止这个业务。同意吗？”第二个是如果你无法同意尝试一下这个提议，那你就必须客气但坚定地拒绝。要想既拒绝尝试又与对方仍然保持良好关系，关键在于你要能够拿出有说服力的理由，说明如果进行尝试确实会有损失。例如，针对实例 2 中的情况，你可以回答说：“南希，我不能同意做这种尝试。我还有另 3 个员工也有小孩子，如果允许你这样做，那么我就得允许所有人这样做，那么星期五就没有人上班了。虽然我希望能答应你，但我很抱歉。”

# 25 我们要是……（延长合同期限或增加订货数量）会怎样呢

成功谈判靠的是认真倾听。成功还取决于同样认真地选择措辞，“我们要是……（延长合同期限或增加订货数量）会怎样呢”是个措辞非常有力的问题。**买家可以用这个问题弄清楚卖家灵活性有多大并且帮助自己赢得其他宝贵的优惠条件。这个问题的潜台词非常有力：优惠的价格可能带来有利可图的长期交易或更大的交易。**这个问题之所以奏效是因为：

- 通过让更慷慨的条件变成现实的可能性，可以拓展拟议交易的范围。
- 你不从谈判桌上拿走任何东西。
- 你通常可以肯定你的谈判对手对大笔交易或长期交易感兴趣。
- 你没有对额外条件做出承诺。
- 此问题是个试探性问题，它的目的是刺探你的谈判对手感兴趣的程度并获得宝贵信息。

“我们要是……（延长合同期限或增加订货数量）会怎样呢”是个措辞得当的问题。它用延长合同期限和增加订货数量的可能性来试探谈判对手，而你自己并未做出任何承诺。例如，如果提出“我们要是把它做成一个为期3年的交易会怎样呢”这个问题，那么由于这个问题的措辞，你等于在向对方提供一个为期 3 年的交易，但你是没有必要做出这种提议的。因此，如果你提出“我们要是……（延长合同期限或增加订货数量）会怎样呢”这个问题，你只是在问，假如双方能够做一笔为期 3 年的交易，对方的价格会有什么变化？

任何暗示你可能增加购买数量或延长生意关系的问题都会提升你的谈判地位。谈判者能够使用的最大的一根“胡萝卜”就是把拥有更多生意的可能性摆在对方面前。这会使你有可能成为更有价值的客户。正因为如此，你的谈判对手有赢得你的生意并使你高兴的积极性。这直接影响他的利益。

你向对方提出“我们要是……（延长合同期限或增加订货数量）会怎样呢”这个问题后，要仔细倾听对方的答复。因为对方的答复可能包含非常宝贵的信息，会透露有关最低要价或其他优惠条件等信息。例如，你提出“我们要是把它做成一个为期 2 年的交易会怎样呢”这个问题，对方会回答说：“这样的话，我们可以把价格从每月 95 美元降低到每月 85 美元。”你现在得到的信息是，你的谈判对手每月收取 85 美元的价格仍然有利可图，所以你这个价格依然有下降的空间。如果你还没有正式向对方提出每月 95 美元的价格，你就仍然可以与对方谈判，试着达成每月 85 美元的协议。假如延长合同期限就是你得到这个价格的条件，你可以随时答应对方这个条件。

提出“我们要是……（延长合同期限或增加订货数量）会怎样呢”这个问题的最佳时机是，当谈判因为价格或其他重要条件陷入僵局时。在这时提出这个问题几乎总可以让谈判对手做出某种有条件的让步。实例 1 为使用这个问题的大致谈判过程。

## 实例 1

**购物袋经销商：** 1 000 个袋子，我的要价是每个 10 美元，这是我的最低价。

**购买者：**我们要是买 5 000 个袋子呢？

**购物袋经销商：**如果你买 5 000 个袋子，在 30 天内货款到账，我可以把价格降到每个 8 美元。

**购买者：**我们先要 1 000 个。如果价格合适，我们想在以后的很多年里订购数千个袋子。在过去的 5 年多中，我们从上一个卖家那里购买了 1.5 万多个袋子。你要是给我们每个 8 美元的价格，你就有生意做了。

**购物袋经销商：**1 000 个袋子的最低价是 8.5 美元。我有固定成本，我不能再降价了。

**购买者：**成交。我希望以后和你合作。

从实例 1 中可以看到，如果你对谈判对手暗示说，如果对方让你感到购物愉快，你就会在以后与此人多做生意——你永远不要低估从这个暗示中获得的力量与信息。你从这里得到的信息是，每个 10 美元的价格绝对不是对方所声称的最低价位。对销售商来说，大订单和长期生意关系非常宝贵，这个事实能够而且也应该为你所用。

我的公司的生意模式是培养长期的生意关系，这让我们既省钱又省时间。由于我们的供应商不想失去客户，所以这还可以让我们从他们那里得到良好的服务和不错的价格。

正是由于这样的原因，我们在举办会议时争取租用同一个饭店。因为饭店常常要求我们为会议组或用或不用的所有客房交押金，我们和对方的谈判会因此而陷入僵局。这在绝大多数类似合同中是标准条件，但我们从未签署过这样的协议，我们怎么能做到这点呢？因为我们充分利用了长期生意关系的威力，并且在适当的时机提出恰当的问题。

## 实例 2

**饭店人员：**对不起，我需要你为这个合同中所包括的所有客房交押金。

**作者**：你知道，如果发生了类似于猪流感或经济衰退这样的情况而房间住不满，我们是不是就得支付数万美元的罚金呢？

**饭店人员**：我们需要保护饭店的利益，先生。这是我们的标准合同，也是这个行业的标准。

**作者**：我们不能也不会同意这个条件，这会破坏我们的交易。我们只和了解我们的需求，懂得我们生意价值并且愿意和我们做长期生意的饭店合作。你这儿能上网吗？

**饭店人员**：当然。

**作者**：请登录我们的网站，单击“研讨班”对话框。你会看到我们过去10多年的研讨班一览表，上面会显示我们多次租用同一个饭店。如果我们告诉你，要是你删除合同上有关保证金的条款，那么我们可能在未来10年里每年都会租用你们的饭店，这将为你们的饭店带来数百万美元，那会怎样呢？

**饭店人员**：你愿意签署一个书面的10年交易合同吗？

**作者**：我不能。我需要你继续保持提供好服务的积极性。再说了，我不知道在10年后，甚至两年后，生意状况怎样。不管怎么说，我们的生意模式是反复租用同一家饭店。我寻找新饭店并与它讨价还价所花费的每分钟都在损失钱，我想要一个能让我租用多年的地方。你看到了我们过去是怎么做的，如果你希望我们考虑租用你们的饭店，发给我们一份修改过的合同。

对我们来说，提出扩大生意范围可能性的做法非常有效。在大多数情况下，我们可以让对方删除合同上有关保证金的条款。如果对方做不到这点，我们就换一家有远见也更通融的饭店。

## 如何应用

拓展生意关系的可能性能够显著增加你的谈判力。使用“我们要是……

（延长合同期限或增加订货数量）会怎样呢”这个问题是一个有效的方法。它可以帮助你从经销商那里得到一个低价或其他优惠条件。这个问题本身的措辞非常谨慎——它没有让你做出任何承诺。对方对“我们要是……（延长合同期限或增加订货数量）会怎样呢”这个问题的回答，可能有助于你看清自己能够从此经销商那里会得到什么样的额外让步。这个问题最好用在双方的谈判因为价格或其他重要条款而陷入僵局之时。

## 如何回答

“我们要是……（延长合同期限或增加订货数量）会怎样呢”这个问题的最佳回答方式是反问对方一个问题。例如，你可以问：“你在提议签署一个为期 10 年合同吗？”如果对方回答说：“是的。”那么你能够而且也应该考虑，就一个更大的生意提出具体而明确的优惠条件。如果对方回答说：“不是。”那么你的答案应该类似于“如果你不提议签署一个为期 10 年的合同，你能保证跟我们以后做生意吗”这样的答案。回答这个问题的关键是，如果得不到扩大生意的郑重承诺或实在的条件，你就不要同意给对方较低的价格。

# 第7章

# 谋定价格

价格和付款条件显然是很多谈判中的一个重要问题。本章提供的问题就是专门用来帮助你谋取更有利的价格和付款条件的。

# 26 你在价格上有多大灵活性呢

在谈判过程中提问题时，重要的不仅是你提什么问题，还在于你如何提这个问题。在谈判中有效使用问题的一个关键在于此问题的准确措辞。一个措辞不当的问题可能使对方疏远你或在你不经意间把对方推向困境。一个措辞得当的问题不仅能够帮助提问题的人得到关键信息，而且还能够引导对方做出一个可以预料的有利回复。

一个有经验的谈判者知道，用不同方式提出一个价格问题很可能让对方给出完全不同的答复。例如，如果你提出“你的报价没有商量余地吗”这个问题，回答通常都是“是的”。这里，被问者被迫选择“是的”或“不是”作为回答，没有回旋余地。我的经验是，当被这个问题逼到墙角时，被问者一般会错误地选择答复，直接说：“是的，没商量。”这种否定回答会使谈判双方陷入绝境。提问者会质疑被问者达成交易的诚意，被问者也不得不承认自己不够坦诚或自己犯了错误。如果这样，推进谈判就很困难。

同样，如果你提出“你的价格有谈判余地吗”这样的问题，会出现许多类似问题，因为这个问题同样是个“是非”问题。作者的经验是，对于这个问题，几乎所有的回答都是“没有”，从而使双方无法推进谈判。

如果改变一下措辞，把问题改成“你在价格上有多大灵活性呢”，则回答都是一个“不太大”。这正是提问者想要的回答。这使价格成为可讨论的议题，双方会就买方能够节省多少钱而讨价还价。

“你在价格上有多大灵活性呢”这个问题的目的如下。

- 心平气和地提醒被问者，这是谈判，是讨价还价，所以要给自己留出谈判余地。
- 吃定被问者，并迫使他承认自己（在这个问题上）有灵活性。
- 通过被问者如下表现使提问者获取信息：

  A. 不情愿地

  B. 快速地

  C. 面有难色地

  D. 躲闪地

  E. 开诚布公地

  F. 不诚实地

“你在价格上有多大灵活性呢”这个问题的一大优点是，你得到的回答能让你迅速并清楚地判断对方在促成交易上有多少投入。当然，他的投入越大，对你就越好。这是因为，他不希望自己投入了时间和精力的谈判失败。

一个人如果被问到这个简单而直接的问题时，可能有如下思考过程。

- 这是个合理的问题，我应该回答。
- 如果我说没有灵活性，我可能束缚自己，并最终失去生意。
- 回答说没有灵活性违背事实，对我的谈判诚意不利。
- 如果我给出不合理的否定回答，对方就会质疑我的诚意和我在谈判中谈到的任何内容。
- 回答这个直接而简单的问题的最稳妥方式是给一个诚实的答复，这样我就不会损失太大。

我一直成功地使用这个问题。与所有成功的商人一样，我花钱的目的是赚钱。在我的工作中，这意味着与无数的卖家和服务提供商进行谈判。通过提出“你在价格上有多大灵活性呢”这个问题，我数年来节省了至少 5%的成本，也就是数十万美元的额外利润。

## 实例 1

多年前，我们做了一个教育节目录像带，需要雇用一个音像制作公司来做摄像和编辑工作。谈判过程大致如下。

**作者**：我们想知道在你们录制间录像的收费是多少。我们的录像内容大多是人在读稿，只需配有少量的图文表格。我们需要使用你们的录制间，以及你们的编导和设备，每天 8 小时，共两天。

**音像制作公司**：关于收费还取决于你们需要多少附加工作。

**作者**：我们所要录制的是两三个专业人士根据提示板读稿件，而稿件有 45 页。此外，这些专业人士都录制过节目。你给我报个价呢，还是我再找一家音像制作公司？

**音像制作公司**：虽然没有给出具体书面要求，但我们不愿意把生意推到外面。我们给你最好的服务质量，报价 50 000 美元。

**作者**：我们欣赏你的坦诚，非常愿意和你们做生意，因为你们声誉好。但你们的报价太高。

**音像制作公司**：我们是高质量服务。如果你去找一所录制学校，让几名学生录制，这样会便宜很多。

**作者**：你在价格上有多大灵活性呢？

**音像制作公司**：没有多少弹性了。我们这里有固定的成本，几乎是给钱就干活。

**作者**：那你说没有多少弹性是什么意思？

**音像制作公司**：这样……你看……如果你根据我们的计划录制，我们给你减 15%如何？

通过提出“你在价格上有多大灵活性呢”这个简单的问题，我们减少了

7 500 美元成本。我只花 3 秒钟提出这个问题，而回报却如此丰厚。多年来，通过提出这个简单而措辞艺术的问题，我们的回报在不断增加。以下有一个有趣的实例。

## 实例 2

我打算出版这本书时，与多家出版机构及对这本书感兴趣的编辑进行了交谈。在一次会面中，我非常高兴地听到，正在与自己打交道的编辑已经开始成功运用书稿中的问题了。当我问他使用哪个问题，在什么情形下使用时，他说："我使用了'你在价格上有多大灵活性呢'这个问题，并成功地让房东减了 100 美元房租。"也就是说，他 1 年就可节省 1 200 美元，10 年就可节省 12 000 美元。如此可见，提一个问题的回报率竟会如此可观。

## 如何应用

提出"你在价格上有多大灵活性呢"这个问题，总能开启价格谈判并给你节省资金。和我提供的许多问题一样，在使用这个问题时措辞准确非常重要。例如，如果你提出"你在价格上还有任何灵活性吗"这个问题，可能得到一个否定答复。这样会妨碍谈判，让你损失利益。

## 如何回答

回答"你在价格上有多大灵活性呢"这个问题的一个有效方法是把你在价格上的灵活性建立在买家的让步上。例如，你是实例 2 中的房东，你可以说："如果你签 2 年租赁合同，我可以把租金减少 100 美元。"如果你是一位卖家，你可以说："如果你能今天购买并付现金，那我可以便宜你 200 美元。"这样，你既显示了在价格上有灵活性，也将这种灵活性建立在对方的让步上。

# 27 你感兴趣的是质量还是价格

“你感兴趣的是质量还是价格”是个为买家设定的问题。你在卖东西时，买家经常会不满意你提供的价格。如果对方不满意价格，你就很可能一直在价格上打转。如果你想让对方关注你的产品或服务，向对方提出“你感兴趣的是质量还是价格”这个问题，可以让你明智地将对方的思维从价格上（这对你不利）移至你的产品或服务的质量上来（这对你有利）。

“你感兴趣的是质量还是价格”是个设计巧妙的问题，会把谈判的重心以你并不显得急促、迫切和极力推销的方式转移到你的身上（也就是产品质量）来。这个问题的潜台词非常有力，即买家可以选择高质量产品或低价格，但不能鱼和熊掌兼得。你作为卖家拥有高质量产品或服务，而高质量就需要高价格。一分钱一分货，如果卖家想找便宜的产品或服务，那他可以去别的地方。

“你感兴趣的是质量还是价格”这个问题非常有效的原因如下。

- 这个问题迫使你的谈判对手承认（默认或直接承认）你的产品或服务的质量是上乘的。
- 它微妙地传递这样一个信息：高品质和低价格不能兼得。
- 它通常能让你的谈判对手承认他实际上在寻找高质量产品或服务。
- 它会提醒人们：高质量产品或服务应该有更高的价格。

提出“你感兴趣的是质量还是价格”这个问题的最佳时机是你的谈判对手开始对你的报价抱怨之时。他可能以以下方式回应你：

- 我两个都想要。
- 只要价格合理，我们愿意购买高质量产品。
- 你能否证明你的产品质量上乘？
- 高价产品能否保证效果更好、经久耐用、维修率和故障率低呢？
- 我怎么才能让我的上司接受更高的产品价格？
- 你的产品或服务优势在哪儿？
- 两者之间的差价是多少？

你对所有这些问题的回答应该集中在产品的质量和价值上，要解释你为何必须收取你所报的价格。对于产品质量可以集中在（产品的）寿命、独具的优点和其他实在的特点上。你为产品质量辩护的重点要强调产品的长期性和整体成本。你要价高的理由还要集中在产品价值上——你的产品或服务如何物有所值。

如果对方说他就是在找最便宜的东西，那你可以推荐一些便宜点的替代品并告诉对方在何处可以买到这些产品。你做这个的同时要指出这些便宜产品的特点、不足之处及选择这些产品并不物有所值的理由。

当你对解释自己产品价值做了充分准备时，使用“你感兴趣的是质量还是价格”这个问题效果最佳。如果你有很好的产品和服务，你就更应该使用这个问题。同时，你要能够充分说明你的产品和服务的价值。让买家了解并给他的上司解释的是，购买了质量好的产品或服务从长远看更加节省成本、利润更加丰厚。

我们的经营理念非常简单。如果我们不是真正相信一个产品或服务的价值，就不去兜售。因为我们特别注重的是产品或服务的质量和价值，所以当客户对我们的报价不满意时，我总能成功使用“你感兴趣的是质量还是价格”这个问题。实例 1 为使用这个问题的典型例子。

## 实例 1

我的公司的一部分业务是向专家证人销售产品，进行培训或提供服务。应许多人的要求，我决定做一份详细的标准合同，让专家证人在律师雇用他们时使用。合同共 4 页，售价 150 美元。经常会有客户抱怨用 150 美元买 4 页合同价格过高。此外，他们还说，既然他们从来没有使用书面合同（多年来一直使用自己起草的合同），那么他们为什么现在要付这么多钱来买这个书面合同呢？谈话的大致内容如下。

**购买者**：我在你公司的网站上看到了《专家证人续聘合同》，150 美元。打印下来共几页？

**作者**：大概 4 页。

**购买者**：你不觉得这 4 页的东西太贵了点吗？每页要 35 美元还多？

**作者**：你感兴趣的是质量还是价格？

**购买者**：我都感兴趣。

**作者**：你可以不用书面合同，而自己起草一份，或在网上免费下载一份。但我不推荐你这样做。我们这份合同是两位在专家证人方面很有经验的律师花了 100 多小时草拟的，也就是说，25 小时一页。每周都有许多专家证人给我们打电话说，他们受到律师或制度的各种侵害。每接到一个这样的电话，我们就在合同中增加一条，以此保护专家证人不受类似侵害。此外，这份合同已得到高级专家、律师和法官的评估：该合同可以预防诸多严重的、可能危及职业的潜在问题和难题。每周都有客户打电话告诉我，这份合同为他们节省了多少钱或使他们避免了无数可怕的问题。专业证人可以给你每年带来 5 万～10 万美元的收入，而且你需要被保护，我们提供 30 天的质保期，无效退款。目前，已有 900 多人购买了这份合同，但退款的只有三四个。

**购买者**：你们能优惠点吗？

**作者**：实在对不起，我们没有优惠。

**购买者**：好吧，我买了。

## 实例 2

在第 22 问“你知道你的竞争对手要价更低吗”的实例 1 中已经提到，我几年前帮助我年迈的叔叔购买了一辆新车。在讨价还价之前，我必须决定要买哪种车，福特还是本田雅阁？下面是和本田经销商（他有位出色的推销员）之间的对话。

**作者**：是的，我喜欢这辆车，但是福特的价格比你们的便宜 3 000 美元。你知道，我是位退休教师，没有额外收入。

**销售员**：你感兴趣的是质量还是价格？

**作者**：都感兴趣。

**销售员**：从整体成本上看，本田雅阁当然更有价值。车的寿命长、质量好、易维修，所以价格也更高，而且更加省油，更加舒适。一年前，有位客户因为价格原因而选择了福特。就在上周，这位客户来找我，买了一辆我们的车。他对我说，他当初就应该听我的。

**买主**：好了，你说服我了。我们现在谈谈本田的价格吧。你是否知道你的竞争对手的价格要低得多？

## 如何应用

“你感兴趣的是质量还是价格”这个问题设计精妙，将谈判中心集中在你的产品质量上。最好在你的谈判对手对你的报价不满时使用这个问题。为了使自己处于更加有利的位置，你应该销售高质量的产品或服务。你还应该能够说出你的产品或服务的质量高在何处（从长远来看你的产品或服务如何比价格便宜的产品或服务更加划算）。

## 如何回答

设计“你感兴趣的是质量还是价格”这个问题，即让你陷入不能既要高质量又要低价格的陷阱。你没有必要陷入这样一个陷阱。因此，一个不错的回答是“我都感兴趣，坦白地讲，我希望鱼和熊掌兼得”。此外，稍微恭维对方会对谈判有利。例如，你可以说：“如果你的产品质量不高，我就不会和你谈了。但价格对我和我们老板而言确实很重要。你想今天就把高质量产品卖给我吗？”

# 28 你想有钱还是有名

你打算雇用一个人为你或你的公司工作时，大多数人都错误地认为这永远都只是钱的问题。这是因为（正如行业格言所说）人们通常“不能就事论事，而是就己论事”。

谈判中常犯的一个严重错误是，你觉得自己完全了解对方所求。经验丰富或成功的谈判者知道，人们想要很多东西，这些都可以推动谈判。这些因素包括：

- 希望有更多时间与家人团聚
- 尊重
- 认可
- 长期合作关系
- 知名度
- 受人爱戴
- 名声
- 帮助人或事务渡过难关
- 显得像个英雄
- 金钱

“你想有钱还是有名”是个简单而直接的问题，可以让你的谈判对手敞开心扉，谈论自己的需求、兴趣和愿望。这个问题不具有威胁性，可被视为友好或幽默的举动，可以很容易地让有关对象敞开心扉。实际上，这个轻松的问题会让被问者措手不及。这个问题看上去不那么严肃和重要，所以被问方经常会给出含有信息的答复。

判定你的谈判对手所求何在可以使你节省大量资金，有助于你选定最好的谈判方式，并取得双方都满意的双赢结果。

我通常会向希望合作的伙伴提出这个问题。与我的直觉不同，许多人对金钱并不感兴趣，但对其他东西更感兴趣，例如，和家人有更多时间团聚、发展有意义的事业或有更多时间旅行等。满足这些非金钱类的需求使很多谈判都取得成功，数年来为我节省了数十万美元。

## 实例 1

几年前，我与他人合著一本医学法律方面的高级教材。我想请一位医生审读书稿，看是否有技术或学术上的瑕疵。我挑选的医生非常有名，完全可以按每小时 500 美元收审稿费。审阅整个 500 页书稿可能需要 100 小时甚至更多时间。所以，审稿费高达 5 万美元。

告诉了这位医生我们的要求，他说他感兴趣，所以我把书稿给他寄了过去。我没有问他审稿费需要多少钱，而是问他："你想有钱还是有名？"他的回答很有意思。他说他对钱不感兴趣，他确实喜欢这本书，认为自己可以修改文稿，他不要钱，而是想做一位作者。他透露，他想重拾自己的专业知识，而这部书正合他意，这确实是个双赢结果。医生得到了他的所求，对结果非常满意；而我得到了一部彻底审改的书稿，而且是一位著名医生审改的书稿，这有助于图书在市场上的销售。把他的名字加为合著者，对我而言没有任何成本（医生不收任何审稿费和版税）。

也许有人会说："如果有人说他想挣钱，你们怎么办？"我应对这种答复的方法如实例 2 所示。

## 实例 2

我想请一位知名专家来公司的大会上发言。我告诉他不给演讲者提供费用时，他表示不乐意来。我就问了他“你想有钱还是有名”这个问题，他回答说：“我想有钱。”我给他解释说：“我们每年会向外发出有关会议的 100 多万份邮件。我们可以把他的照片、简历和联系方式印在手册上。”

我还告诉他，如果这样，他在本行业的地位会大幅提升，他会在全国出名，那么更多的机会就会接踵而至。他最后的结论是（你最好尽量让对方自己得出结论），同意演讲。最后，这确实给他带来了很多盈利的机会，他与我们确立了长期合作的关系，至今未变。

当你购房时，也可以使用这个问题。在购房时，把房子以最高的价格售出不见得是卖家最关心的问题。如果卖家希望立即得到资金或可以快速、轻松地完成交易，那么卖家会同意将房价降一点儿。如果向卖房者提出一个像“你们追求的是最高房价还是快速、顺利的交易”这样的问题，可能收到意想不到的信息。

## 如何应用

无论对方如何回答，“你想有钱还是有名”（或其他类似问题）是谈判时一个非常有效的问题。这是因为，这个问题让你了解到被问方的思想和愿望，这是无价信息。

## 如何回答

回答“你想有钱还是有名”这个问题的一种方式是，轻松地回答：“我都想，你不想吗？”这种回答真实可信，又不向对方提供对你不利的信息。此外，你还可以要求对方提供这两个选择的具体信息。例如，你可以说：“我既想有钱，也想有名。你能提供更多信息帮我决策吗？”这样，你就会有更多信息和时间来做出明智的决定。

# 29 你估计最后金额是多少

本书中的许多问题可以在许多情况下使用，并不是一种。“你估计最后金额是多少”这个问题就是让谈判对手将他的空头支票、模糊数额、估算数额或临时承诺具体化。一旦你让谈判对手拿出了一个具体数额，你就可以将他吃定在这个数额上，通过谈判得到一个更加实在和更有利的待遇计算公式。

通常，在谈判中，对方会给你承诺结果或根据对方清楚的公式计算出来待遇数额，这可能给你带来最坏的后果。

## 实例 1

很多年前，本书的一位作者被雇用到一家小公司工作，对方承诺给他公司利润的 10%，大致的谈判过程如下。

**作者**：你提供的待遇是多少？

**老板**：年薪 42 500 美元，再加公司利润的 10%。你知道，我们公司利润不错。

**作者**：这听上去不错。我什么时候开始工作？

简单来说，作者在答应工作时并未得到公司的任何利润。作者上班后，公司老板和他的同伴工资大涨，因此公司成本剧增，所有利润都没有了。

老板可以很容易地操纵利润，既然这样，那些承诺就一文不值。此后，作者对没有固定下来、尚不透明或容易被对方操纵的待遇十分警惕。如果可以重来，作者与公司老板的谈判就可以如下。

**作者**：你提供的待遇是多少？

**老板**：年薪 42 500 美元，再加公司利润的 10%。

**作者**：你估计最后金额是多少？

**老板**：这要视我们的经济情况而定。我们的利润一直为 15 万～25 万美元，并且每年都在增长。

**作者**：那么，你是说我可以得到利润中的 1.5 万～2.5 万美元，甚至更多吗？

**老板**：是的。

**作者**：你知道，利润很容易根据不同的计算方法和成本增加等而大幅变动。我看到，你公司的营业额在过去 5 年中每年大致是 150 万美元。如果你让我的奖金占到公司营业额的 1.5%，我就给你干。

"你估计最后金额是多少"这个问题可以有效地让你明辨虚幻的承诺，得到真实的待遇数额。它的主要目的是以吃定谈判对手来确定数额。因为对方会承诺这对你将是一个不错的待遇，你提出这个问题则会使他们不自觉地给出高的数额。一旦他们给出高的数额，那你就需要和他们谈定另一个算法，这样你就更有可能得到你要的数额。

"你估计最后金额是多少"这个问题不会产生任何不利结果。所以，在对方承诺提供高待遇而你担心有诈时就可以使用这个问题。

我经常使用"你估计最后金额是多少"这个问题。

## 实例 2

某次，一个专业组织打算雇用我每年给它的员工进行培训。它承诺给我 50%的利润。由于我知道利润不是一成不变的，所以就有了以下谈话。

**专业组织**：我们希望你们乘飞机从波士顿到旧金山为我们协会的员工进行培训，我们将培训利润的 50%给你们。

**作者**：你估计最后金额是多少？

**专业组织**：总利润有 2 万美元。

**作者**：你们估计学员有多少？

**专业组织**：50～100 人。

**作者**：每个学员收费多少？

**专业组织**：500 美元。

**作者**：全计算在内，我们要拿 1.5 万美元。

**专业组织**：这个我们无法同意。如果我们的学员没有那么多怎么办？我们不能赔钱吧？

**作者**：既然你们认为有 50～100 名学员，即使你们在 1 万美元的基础上多给 5 000 美元，你们也不会亏本。我们可以在一个条款中注明，如果你们的学员不足 50 人，你们可以在培训开始 30 天之前取消我们的合同而不用交违约金。

**专业组织**：这样我们可以接受。

我是如何使用“你估计最后金额是多少”这个问题吃定实例 2 中的专业组织的呢？他们为了使我同意他们的邀请，给我开出了比较高的待遇。我利用他们开出的高数额反击他们，使我避免了劳而不获或劳而少获。

## 实例 3

几年前，一家电子出版商想把我的一本纸质书变为电子版图书销售。我对这笔生意不太乐观，但对方答应根据“毛收入”而不是“利润”给我版税。如果我答应这笔生意，他们则需要花费大量时间，而他们需要弄清楚这是否值得，大致谈判过程如下。

**电子出版商**：我们把你们电子版图书销售额的10%作为版税给你们。

**作者**：你估计最后金额是多少？

**电子出版商**：我们估计，未来3年你们的版税至少有2万美元。

**作者**：如果你们预付我们1万美元作为未来3年的版税，而且以后不需退款，我们就可以成交。

**电子出版商**：我们可以预付7 500美元，每年2 500美元。

**作者**：成交。

作者是如何使用电子出版商承诺的数额来反击他们的呢？“你估计最后金额是多少”这个问题鼓励对方给出了2万美元的高额。这是因为出版商想以此来吸引作者同意他们的协议。最后，该著作的电子版版税离预付额还有距离，但是，“你估计最后金额是多少”这个问题让我没有因实际版税额没有预期高而有所损失。

## 如何应用

如果你的谈判对手给你提供了难以吃定、模糊或对方很易操纵的待遇时，你要倍加小心。如果你遇到这种情况，就一定要提出“你估计最后金额是多少”这个问题。提出这个问题没有任何风险，而且会使你的谈判对手给你一个大的数额。一旦你有了他的数额，就利用这个数额吃定对方并通过谈判得到一个更加可靠和对自己有利的结果。

## 如何回答

给你提出“你估计最后金额是多少”这个问题的人试图吃定你的数额，并通过你提供的数额来反击你。认识了这点之后，你回答这个问题的一个好方法就是，给出一个模糊答复或巧妙绕开这个问题。例如，你可以说：“这取决于我们的收入和支出情况，我们当然不能担保什么。”或者说：“我们不能给出一个确定的答复，一切取决于以后会发生什么。”当然，你也可以把球踢给对方，说：“这取决于你的工作业绩和表现。你有信心表现出色，对吗？”这样，你就使提问者处于防守位置，并明确指出你们是按劳取酬的。

# 30 你会保证给我们一个最低价格吗

人们的要求通常是非常简单的，他们只要最好的。在谈判中，要得到最好的结果就必须自己争取，提出“你会保证给我们一个最低价格吗”这个问题则是一个取得良好谈判结果的简单而有效的方法。

由于这个问题有许多潜台词，所以提出这个问题对你来说在谈判中将很有帮助。通过提出这个问题，你清楚地向对方传达一个信息：价格对你而言很重要，并且你并不着急结束谈判。你还清楚地说明，你正在货比三家，如果没有好价格你就不买。所有这些信息会提升你的谈判筹码，使你得到一个更好的谈判结果。

提出“你会保证给我们一个最低价格吗”这个问题就会让你轻而易举地将谈判对手一军，因为一个否定的回答会显得有些鲁莽，通常会失去交易机会。所以，你的谈判对手要么做出最佳价格保证，要么增加交易的诱惑力来绕过这个问题，这些结果对你都很有利。即使对方给了一个简单的否定回复，你也从中了解到自己不应该和这个对手或公司打交道了。

在使用这个问题时，你应该试图把自己放在谈判对手的位置去思考一些问题。因为这个问题确实会让对方去思考。当你提出“你会保证给我们一个最低价格吗”这个问题时，你的谈判对手必须快速考虑许多事情，其中包括：

- 我提供的是最佳价格，还是我们的竞争对手提供的是最低价格？
- 在与他打交道时我应该透明到什么程度呢？
- 我必须和我的其他客户再次谈判吗？
- 这里牵涉保密问题吗？
- 即使我想这样做，但我能这样做吗？
- 如果提出这个问题的人已经从我的一个客户那里知道了更低的价格，怎么办？
- 明确或不明确地回绝这个问题，是否意味着我否定给他们最低的价格保证呢？其他因素如服务、运输、发送和担保等问题怎么办？如果我增加交易的吸引力，那我不是在拿自己的苹果和竞争对手的橘子来竞争吗？
- 我为什么要做价格保证？
- 这会给我与这位客户今后的谈判带来什么影响呢？我如何才能保护自己，不让他将价格和其他方面的保证透露给其他客户呢？
- 这种保证会带来什么法律问题呢？
- 我是否应该征询上司的意见呢？我的上司将会如何回答呢？

这些问题的结果只会增加你的谈判筹码。

提出“你会保证给我们一个最低价格吗”这个问题没有什么风险。本书所列举的其他谈判问题可能招致对方反击，但这个不会。因此，这个问题可以也应该用在几乎所有的谈判中。

和本书列举的许多其他问题一样，提出这个问题的时机也很重要。提出这个问题的最有效时机是你的谈判对手已经向你保证会给你一个最佳价格之时。如果你提出“这是你的最低价格吗”或“这是你今后 30 天能提供的最低价格吗”或其他类似问题，让他做出这样的保证并不难。一旦他有这样的保证并对你的问题做出了肯定回答，那你就该提出“你会保证给我们一个最低价格吗”这个问题了。

密切关注对方的身体语言和语调。在你的谈判对手回应你时，你不仅要考虑他们说什么，还要考虑他们是怎么说的。观察他们看上去是确实已经给了你最佳价格的表情，还是他们只是在敷衍你。如果对方的反应是后者，你最好继续寻找其他合作伙伴。

我的妻子是位投资管理律师。她工作的一部分内容就是与资金经理谈判费用问题（资金经理一般会对他们管理的资产收取一定比例的年费）。在这些谈判中，她通常会向对方要一个最佳价格保证，也就是说，让她的客户没有付出比资金经理的其他客户更高的价格。此外，她还向对方要求：如果资金经理在协议中同意向任何其他一位客户降低收费标准，那么，他们就应该降低向她的客户的收费。她经常为自己的客户争取到这种最优惠的条款，从而为她的客户和客户的投资方节省了数千万美元。

我的工作需要发出大量邮件。数年前，我想购买一套新设备来帮助处理发出的邮件。从本章实例你可以看到，提出“你会保证给我们一个最低价格吗”这个问题有助于你做成不错的买卖。

## 实例

**作者**：我们想买一台价格实惠的折页机。

**供应商**：理解。我已经把价格降了 1 200 美元。

**作者**：但 7 900 美元的价格还是很高。你最低的价格是多少？

**供应商**：如果你今天买，那就 7 500 美元。

**作者**：你公司以低于 7 500 美元的价格出售过折页机吗？

**供应商**：没人能以低于 7 500 美元的价格买走它。

**作者**：你能给我一份最低价格的书面保证吗？

**供应商**：你具体想要什么？

**作者**：就是给我发封邮件，说明这是出售折页机的最低价格，如果我在今后 6 个月内找到更低价格或你们在今后 6 个月内以更低的价格卖给了他人，那么你们给我 120%的差价。

**供应商**：我听明白了你的意思，但是我们不能这样做。我们可以控制自己的价格，但是我们不能控制别人的价格。也许他们会因要清仓而有其他的优惠呢？或他们在赔钱卖？我向老板汇报一下，然后给你回复。

第二天，作者接到了回电。

**供应商**：下面是我们的结果，我们能做的就这些了。7 300 美元是我们能给出的最低价格。我们还会给你一份书面保证，我们保证不在今后 90 天内把这种机器以更低的价格出售。如果我们违约，将自愿将差额的 110%补偿给你。此外，我们给你延长 1 年免费质保，这也值 500 多美元。

**作者**：非常感谢你们为我们做出的这些努力，成交了。

尽管我提出的要求没有得到全部满足，但我毕竟得到了一个比对方先前承诺的“最低价格”更低的价格。他们解释说他们无法控制他人，这个有道理，所以我接受了他们的解释。他们回复我时使用的语调也表明，他们在价格上已经尽力了。请注意，如果他们用“不能”来回答我提出的问题，或者没有增加其他优惠条件，我就会另找卖家，因为我相信可以找到更划算的买卖的。

## 如何应用

提出“你会保证给我们一个最低价格吗”这个问题，是帮助你得到最佳交易的低风险且有效的方法。最好在你的谈判对手已经给出最低价格之后提出这个问题。当你提出这个问题后，如果你没有得到对方的保证或其他优惠，那么你就寻找下个卖家吧。

## 如何回答

回答“你会保证给我们一个最低价格吗”这个问题有多种方法。如果你在价格上能够战胜任何一个竞争对手，那么你可以自信地回答“绝对没有问题”。当然，这种回答会使保证的细节和内容显得模糊。你可以和对方继续谈判，使条件尽可能有利于己。

如果你不打算提供保证，那么你需要一个合理的解释。一种方式是，你可以声明自己的产品和服务是独一无二的。例如，你可以说：“别人那里没有我这样的高质量服务，我们不和低端竞争者竞争。”在这种情形下，对方可能要求你给他们一个在过去、现在和将来客户中最低的价格（最优惠的待遇）。对于这个要求你很难拒绝。另一种方式是，你指出这在法律、行业管理和财务方面有难度。例如，你可以说：“对不起，鉴于保密和法律方面的考虑及信息的私密性，我们的谈判不能涉及其他客户的价格。一旦你成了我们的客户，你也不希望我们透露你的信息吧。”

# 31 如果我付现金呢

现金支付是比较好的交易方式。在许多情况下，如果买家同意用现金支付，那么价格可以压得更低。提出“如果我付现金呢”这个问题，可以让你很容易且直接地了解付现金是否可以让卖家做出更大的让步。这个问题的潜台词非常简单：如果你能再优惠一些，我可以用现金支付。

大多数人喜欢用现金交易。一些卖家喜欢客人用现金支付，小企业主和像承包商那样的自谋职业者也最喜欢他人用现金支付。

对卖家来说，客户用现金支付可以节省高额信用卡费用（可高达 3%），而且用现金支付不会有支票带来的烦琐问题。此外，现金使用最方便，不需要任何设施来帮助实施支付过程，卖家得到现金后马上可以使用，而不用去银行。

为了把这个问题用到妙处，我建议你先与卖家通过谈判就使用支票或信用卡支付达成一个好价格。一旦对方答应给你一个好价格，你就应该问道：“如果我付现金呢？”在许多情况下，尤其在与小企业主打交道时，如果用现金支付就能得到更多优惠。切记，使用现金支付时，向对方索要收据。

如果你一旦确定对方也可接受其他支付方式，那么提出“如果我付现金呢”这个问题的风险就很低。提出“如果我付现金呢”这个问题，并不意味着你承诺什么。你只是放飞了一个试验气球。如果对方回答的优惠足够多，那么你可以用现金支付，从而为自己节省大量金钱；如果对方的优惠你不满意，你则使用先前同意的另一种方式（支票或刷卡）支付。

量入为出并有一定的现金储备可以让你在谈判中处于优势地位。如果要使用“如果我付现金呢”这个问题，你需要拥有完成交易所需的现金，而如果你选择用现金支付，那么数年内你可节省大量金钱。

### 实例 1

我想让一名电工对我的房屋线路进行一些改造。我们的对话大致如下。

**作者**：我们想让你给另三个房间布线。

**电工**：好的，我收取工费和材料费。工费是每小时 80 美元。

**作者**：具体是多少？

**电工**：1 000 美元。

**作者**：你打算什么时候动工？

**电工**：两星期后。

**作者**：我用信用卡支付行吗？

**电工**：用支票更好。

**作者**：用 VISA 行吗？

**电工**：当然。

**作者**：如果我付现金呢？

**电工**：好啊。我们最喜欢现金。如果用现金支付，那么我可以要你 800 美元。

**作者**：好的。800 美元成交。

**电工**：太好了。如果你没有问题，我后天就可以开工了。

我是如何先根据信用卡支付方式把电工吃定在一个价格上的呢？我先问他是否接受信用卡支付。一旦确定他接受信用卡的支付方式，我再抛出用现金支付这个试验气球。实践证明（大多数情况如此），现金支付对电工很有吸引力。最终，我节省了 20%的资金，并且这个活儿很快完工了。

## 实例 2

我使用“如果我付现金呢”这个问题，从一家小私营珠宝店里以合适的价格给我的女儿购买了钻石耳环。

**作者：**这副耳环的报价是多少？

**珠宝商：**一对漂亮耳环、名家设计，2 000 美元。

**作者：**你是老板吗？

**珠宝商：**是的。

**作者：**价格太高了。你有多少浮动空间？

**珠宝商：**实际上，我们可以优惠 25%。

**作者：**1 500 美元。

**珠宝商：**是的。

**作者：**还是太高。1 250 美元怎么样？

**珠宝商：**最低价 1 400 美元。

**作者：**在你窗户上我看到你这里可用美国运通信用卡结算，是吗？

**珠宝商：**是的。

**作者：**如果我付现金呢？

**珠宝商：**用现金的话，我们可以 1 150 美元卖给你。

**作者：**成交。不过你得给我开收据。

**珠宝商：**没有问题。

在有效使用“如果我付现金呢”这个问题之前需要做铺垫工作。在实例 2 中，铺垫工作包括：我确定这是个小店，与我谈判的是老板，先就一个低价格达成一致，确定对方接受信用卡支付。在提出用现金支付的问题后节省了 250 美元，也就是对方又优惠了 17%。

“如果我付现金呢”是个低风险问题。珠宝商给出最坏的答复只能是无优惠。如果那样，我可能去其他店铺，也可能用美国运通信用卡结算，1 400

美元成交。提出这个问题后，无论有什么样的回答我都不会有损失。

## 实例 3

多年前，我去参加波士顿的一家古书展。参展的图书经销商来自世界各地。我对一本荷兰古书中的一张有 400 年历史的地图感兴趣，而卖家是英国伦敦的一个古书交易商。我们的谈话大致如下。

**作者**：这张地图你要价 1 400 美元，对吗？

**卖家**：是的。

**作者**：你的价格有多少浮动空间？

**卖家**：我可以降到 1 200 美元。

**作者**：如果我用绿票子付款怎么样？

**卖家**：绿票子？

**作者（掏出一沓钞票）**：现金。

**卖家（瞪大眼睛）**：现金好啊！700 美元。

**作者**：成交。

提出用现金支付可以让对方做出巨大让步，而提出这个建议并没有风险，你也没有因此而做出任何承诺。

提出用现金支付太有诱惑力了。

## 实例 4

数年前，我和我的妻子与商家谈判，打算购买一套房子。尽管我们的出价不是很高，但我们最后还是买到了房子。由于我们答应用现金支付（用一张银行支票），卖家因此不必担心资金走账有问题而使交易泡汤。

## 实例 5

许多年前，我与一家音像制作公司合作，想让它帮助我制作一些教育节目的磁带。根据我与我的合作伙伴达成的协议，磁带一录完，他们（一家合资企业）就给我 15 万美元。所以，我非常希望尽快把磁带录好。

但问题是，音像制作公司对此事并不积极。我无法让音像录制公司的制作人员通过加班来完成磁带的编辑工作。而且音像录制公司不肯让编辑周末上班，因为他们怕把编辑累坏了。我想了很多方法让音像录制公司尽快完成录制，甚至还想起诉它。此外，我也想换一家公司，重新制作，但根本行不通。最后，我认为一个方案可能奏效，即我与音像录制公司的一位编辑进行一次 5 分钟的见面会，让他周末加班。大致的谈判过程如下。

**作者**：我们需要尽快完成这个项目，因此我们希望你这个周末来完成编辑工作。

**编辑**：你知道，我真的不方便。周六我要带我的猫去看兽医，周日我的岳父母要来。此外，我的院子也需要打理。

**作者（掏出一沓子钞票）**：如果你周末来加班给我们做好磁带，我们不会亏待你的，付你现金，如何？

**编辑（露出笑容并充满热情）**：周六我 7 点到。

磁带周日就做好了。编辑因自己加班而得到了现金报酬，而此后不久，作者从合作伙伴那里拿到了 15 万美元。

## 如何应用

现金是王道。大多数卖家喜欢客户用现金支付，为此经常做出大的让步。提出“如果我付现金呢”这个问题，风险低，还可以让对方在价格上做出大的让步。“如果我付现金呢”这个问题最好在你已与对方就价格达成一致并同意用非现金的方式支付之后使用，这样可以让对方再做让步。此外，要使用这个问题，你必须有交易所需要的现金。

## 如何回答

通常，回答“如果我付现金呢”这个问题有三种方式。

一是，如果现金并不是你特别喜欢的付款方式，那么你就可以说：“嗯，我们也接受现金。”这种回答就是告诉对方，用现金支付也没有什么优惠。

二是，如果你特别喜欢现金支付，那么你可以用一种诱导方式进行回答。你可以说：“现金支付可让我节省信用卡支付费，如果你今天用现金支付，我可以在价格上给你优惠 2%，这样我们都能得到好处。”

三是，如果你和对方此前没有谈及支付方式，那么你可以选择一个风险稍大的回答方式，即有人提出这个问题后，你可以回答说：“我给的价格已经是现金支付的价格了。我也乐意接受信用卡支付，那样的话我在价格上会加 3.5%的手续费。”如果这样回答，那么你可能让对方用现金支付。

# 32 你们肯定接受信用卡吧

在交易中价格不是唯一需要考虑的因素，付款方式也很重要。“你们肯定接受信用卡吧”是个很好的问题，会确保你可以用信用卡支付。

用信用卡支付通常对买家有利。一是可以得到优惠或返利，二是方便。如果你用信用卡支付的越多，说明你越富有。

用有返利的信用卡支付的好处是相当可观的。我就有这样的一张信用卡。每用此卡支付一次，刷卡金额的 2%就会直接存到我的投资账户中。因此，我尽可能用信用卡付款（我总是按时还钱，所以从不用支付利息）。几年下来，我的投资账户中多了数千美元，这都是通过刷卡赚来的。

我经营有一家小公司，在一些交易中，我都会尽可能用信用卡支付。我的公司的开支比较大，每年公司的信用卡支付有几十万美元。这使我获得了免费旅行、免费家具和其他优惠的机会。

一般来说，卖家希望能用现金、支票或电汇等方式进行交易，因为信用卡公司可向卖家收取高达交易额 3.5%的税。如果你所买的东西价格很高，那么卖家将承担很高的税。因此，卖家极力希望买家使用现金或支票进行交易。

一般来说，卖家会在他们的出售协议或文件中声明他们接受信用卡付款。但很多时候，他们不会写明。如果你想使用信用卡付款，最好在和卖家谈判之前就确定他是否接受信用卡支付的交易方式。实例 1 是一个因忽视这个确定而出现问题的例子。

## 实例 1

几年前，我雇用了一个承包商来安装一个洒水装置。总费用是 5 000 美元。我先用信用卡付了 500 美元押金，等工程完工后我再用信用卡付 4 500 美元。但完工后对方不同意用信用卡付款，因为他要承担 100 多美元的刷卡费。

经过这件事后，我就决定在每次谈判前一定要先谈好支付方式。“你们肯定接受信用卡吧”就是用来对付像洒水装置承包商这种卖家的。

谈判时，首先就价格达成一致，再问“你们肯定接受信用卡吧”这个问题（如果你一开始就提出这个问题，卖家就会提价，把刷卡费计算在内了）。这个问题的潜台词非常清楚：我希望用信用卡付款，因为大多数商家都接受信用卡支付，所以我希望你也能接受。此外，如果我不能用信用卡付款，你可能就会做不成这笔买卖。

在谈判中，请注意措辞。本书的一个重要内容是，你提出问题的方式非常重要。以信用卡付款方式为例，你可以提出：“可以刷信用卡对吗？”但这个问题的措辞力量不够，没有表明信用卡付款是你唯一接受的付款方式。如果提出“你们肯定接受信用卡吧”这个措辞微妙的问题，那么你会更有利，会让对方给出让你满意的答复。

当你提出“你们肯定接受信用卡吧”这个问题时，你就在把卖家推向一个陷阱。你可能得到的答复是：

- 是的。
- 不是。
- 我们更喜欢支票。
- 一定数额内可以。

你当然希望对方回答“是的”，实际上对方很少回答“不是”。大多数商家知道，他们需要接受信用卡付款才能生存。如果买家暂时没有现金或更喜欢用信用卡支付，那么回答“不是”就极有可能失去这笔生意。即使你得到的答复是“不是”，你也没有任何损失。因为你可以选择离开，也可以换种方式付款。

如果你得到了卖家“更喜欢”用支票或现金支付的信息，那你提问的目的就达到了。因为卖家在告诉你他也接受信用卡，之后你告诉他你需要用信用卡支付（因为手头现金不多），然后继续谈判。

进行大额交易如买车时，通常卖家只同意在一定数额内可以用信用卡支付。这种情况很常见。在这种情况下，如果你同意继续交易，那么你应该把数额提到上限。

## 实例 2

几年前，我购买了一个花园棚屋，谈话大致过程如下。

**作者**：你能把价格降到 3 500 美元吗？

**卖家**：可以。

**作者**：送货费、税和其他所有费用都包括在内了吗？

**卖家**：是的。

**作者**：你们肯定接受信用卡吧？

**卖家（犹豫许久）**：一般不接受。

**作者**：我暂时没有那么多现金，我必须用万事达信用卡付款。如果你不接受，我们得回去筹措现金再来买。

**卖家（犹豫许久）**：好吧。我们同意你用万事达信用卡付款。

**作者**：太好了。那先用电子邮件给我寄份合同让我看看。

**卖家**：好的。

请注意我是如何先敲定最低价格的，这样会阻止卖家再加收费用或加进刷卡费。此外，在谈判中认真听对方讲话非常重要。在卖家给出的“一般不接受”的答复中，我及时捕捉到对方的犹豫和言辞破绽。这给我传递的一个强烈信息是：卖家可以接受信用卡付款，因为对方担心会因不接受信用卡付款而失去这笔生意。所以，我才能乘胜追击。和通常情况一样，卖家同意了。提出“你们肯定接受信用卡吧”这个问题本身风险就很低。如果卖家同意，再好不过。如果卖家不同意，你可以迅速筹集现金或用支票付款。在实例 1 中，由于提出“你们肯定接受信用卡吧”这个问题，我从 3 500 美元的交易中得到了 70 美元的刷卡回报和另一个月的流动资金。

## 实例 3

几年前，我购买了一艘小船，价格大概为 2 万美元。在谈定价格后，我提出了“你们肯定接受信用卡吧”这个问题。对方的回答是 5 000 美元以内可以。我接受了，把总价的 1/4 用信用卡支付，这使我得到了 100 美元的回报。用 3 秒钟提的一个问题挣 100 美元，很划算。

## 如何应用

用信用卡向卖方付款对你总是有利的。如果你使用的信用卡会带来丰厚回报，那对你就更有利了。在你谈定一个可接受的价格后，要消除卖家是否接受信用卡这方面的疑问，你应该提出“你们肯定接受信用卡吧”这个问题。大多数情况下，卖家会同意你刷卡支付你的所有费用或部分费用。提出这个问题的本身风险不大。如果对方不同意刷卡，你还有其他选择，如你可以用另一种方式付款，或再找另一个卖家。

## 如何回答

大多数情况下，回答“你们肯定接受信用卡吧”这个问题的最佳方式是说：“是的，当然。”“是的，5 000 美元以内可以。”大多数商家知道，它们必须接受信用卡，因为在当今世界，不接受信用卡是个高风险行为。

你也可以采取一种更加强势、风险更大的方式进行回应，即直接告知对方如果用信用卡付款价格将会提升。例如，你可以说："是的，但我们要收3%的刷卡费。"

# 第8章 打破僵局

谈判中经常会出现僵局。本章所包含的问题旨在帮助你打破僵局，而非一味地迁就对方的要求。

# 33 我们为什么不各让一步呢

“我们为什么不各让一步”是个简单而又直接的问题，能促使对方在所有谈判中做出很大的让步。这个问题之所以有效，是因为它有显而易见的公平性。什么能比双方做出同样的让步更公平呢？而且它看上去非常公平合理，很多谈判者几乎都会说：“好吧。”现实中，对此问题最常见的回答也是一个简单的“当然”或“好吧”。各让一步是作者用过多次的技巧。

## 实例 1

**作者：**你出租此邮寄名单的底价是每千个 37 美元，而我的最终报价是每千个 35 美元。

**卖方：**你说得没错。

**作者：**我们为什么不各让一步？

**卖方：**好吧。

要想让“我们为什么不各让一步”这个问题达到最佳效果，你就必须明白你的谈判对手的上级是如何看待谈判互动的。也就是说，人们都想显得最好的交易是通过自己努力争取得到的，这一点很重要。经过漫长谈判和长时间僵持之后提出这个问题，其效果最好。在这时运用这个问题，你的谈判对手更有可能向其上级汇报说，已经在谈判中竭尽全力，这可能是最佳结果了。

你要牢记一点：上级如何接受谈判对你的谈判对手来说非常重要。你的谈判对手向其上级汇报说，自己经历了一场“艰苦卓绝”的谈判，会有助于提升此人在其上级心中的地位。实际上，一场投机取巧、速战速决的谈判，即便其结果比较好，也会被看成一次失败的谈判。鼓励你的谈判对手精心地甚至添枝加叶地打造自己的故事：与你进行谈判是如何艰难，这样对你有好处，可以让你提出的“我们为什么不各让一步”问题赢得更大的成功概率。

一般情况下，当谈判长时间没有进展且要陷入僵局时，就使用“我们为什么不各让一步”这个问题。这个问题让你显得不愿意做进一步让价，而且可以让你的谈判对手向上级表现出自己为了赢得更好的生意已经尽力而为了——这就极大地增加了成功的概率。这个问题也是一个效率很高的问题，因为你把自己的要求降低了一半。通过提出让对方一步，你就让对方实现了谈判的一半目标。实例 2 是我一般情况下使用这个问题的谈判。

## 实例 2

**作者**：你是说低于 5 万美元你就不能做这件工作吗？

**对方**：是的。

**作者**：但是我的预算只能是 4 万美元，一分钱也多不了。

**对方**：我给老板打过电话，告诉她你们的预算了。

**作者**：我们谈了几小时都没有进展，或许你应该再给老板打个电话告诉她我很难缠吧？

**对方**：好主意。让我把这里的情况告诉她，期望越高，失望就越大。我会解释说，交易悬于一线，有可能做不成。

**作者**：就此生意而言，确实如此。（开玩笑地说，但也不是无中生有。）

对方给她的老板打电话，双方稍事休息。

**对方**：我给她打了电话并解释说，我的蓝衬衫都湿透了，我得让她给我报销，它是肯定没法穿了。另外，我吃了第二片降压药了。

**作者**：你这么着急上火的，老板给你的钱够吗？

**对方**：当然不够。

**作者**：我们为什么不各让一步？

**对方**：我们也许一两个小时前就该这么做了！

**对方**：（对她的老板说）喂，还是我。我这里可能有好消息了。我觉得4.5 万美元可以拿下来。请相信我，这绝对是我们得到的最高价！他已经把笔记本电脑收起来了。好吧，我拿不到 4.5 万美元不松口。谢谢您，谢谢您这么说。

**作者**：4.5 万美元成交。

试想一下，如果过早地使用“我们为什么不各让一步”这个问题，即用在出现长时间僵局之前，那么这场谈判的结果会多么不同呢。

**作者**：你说低于 5 万美元你就不能做这件工作吗？

**对方**：是的。

**作者**：但是我的预算只能是 4 万美元，一分钱也多不了。

**作者**：我们为什么不各让一步？

**对方**：听起来不错。让我给老板打个电话。

**对方**：（对老板说）好消息。我使他让了一步，我们应该得到 4.5 万美元。……我知道我才到这里 45 分钟，但我向您保证……我已经尽力了，我讨厌这种暗示……不，这不是我第一次谈判……好吧，我回去再多争取一些……

正如你所见，在谈判中提出一个问题的时机与情形不同会让你的谈判结果大为不同。

请注意：如果各让一步，仍然留有获利的空间，即便这个利润空间非常小，对方也有可能同意。在某些经济环境下，在有固定成本（如劳动力成本和机械成本等）的行业里，为了保持工厂的运营，人们甚至会做亏本生意。使用这个问题的关键在于要提前进行调查研究，掌握有用信息。这会让你对谈判对手的底线了解得一清二楚。

例如，在很多网站上都可以查到汽车经销商支付的发票价格。如果你知道经销商在哪个价位上就可以盈利，你就可以判定什么时候提出“我们为什么不各让一步”这个问题会奏效。如果你知道经销商的成本价是 2.5 万美元，他们给汽车的报价是 2.6 万美元，而你说自己最多只出 2.2 万美元，那么这个问题很可能不奏效。这是因为，各让一步的结果是 2.4 万美元，经销商会赔 1 000 美元。反过来说，如果出价 2.46 万美元，而经销商的报价是 2.58 万美元，各让一步的价钱是 2.52 万美元。这个价位仍然让经销商有利可图。

如果双方僵持不下，都说自己给的是最低报价，那会发生什么呢？如果双方坚持自己的谈判立场不变，“我们为什么不各让一步”这个问题仍然可以奏效。在这种情况下，人们可能需要些许策略，需要保全脸面。你还要牢记在心的是，在谈判时，人们普遍会放弃自己的“最佳及最终”报价。

请注意，人们非常忌讳他人提醒自己放弃了自己的“最佳及最终”报价。揭他人的短处就无法鼓励继续让价和建立商誉。例如，在各让一步之后不要对你的谈判对手说：“当你说自己前面的报价是最后、最佳和最终的报价时，我就知道你在说笑，没当真。”如果你必须和此人继续谈判或打交道，这样的话很可能导致以后你无法从他这里获得降价。

实例 3 是当双方都说自己没有进一步谈判的空间时，我（用策略和纽带关系）成功处理这种局面的谈判。

## 实例 3

**作者**：少于 5 万美元你坚决不干，而我的报价也绝对不能超过 4 万美元。

**对方**：是的。

**作者**：我们似乎都陷入了困境。

**对方**：是啊。我们的老板真没有给我们多大的浮动空间。

**作者**：确实如此。我们为什么不忍痛割爱，各让一步呢？

**对方**：一点没错。我欣赏你的灵活性。

**作者**：成交。嘿！你愿意和我一起喝杯酒，庆贺我们达成一致吗？

**对方**：当然。

在谈判进行到适当的时候，你向谈判对手直接提出这个问题就是让对方做出仓促的决定，让价 50%。有经验的谈判者早就预料到这个形势变化，开始时有意压低出价，以便让自己有足够的发挥空间。其关键在于，开始的价位要合理，既不要太高也不要太低。你不妨设想一下，如果在价位上僵持对你更有利，那各让一步会让你盈利更多。实例 3 与实例 4 的谈判基本相同，不同的是开始时的价位。

## 实例 4

**作者**：我们已经一而再、再而三地讨论过了。虽然少于 5 万美元你不干，但我们的预算只有 3.5 万美元，这没有回旋余地。

**对方**：嗯，这就是问题所在。

**作者**：我们为什么不各让一步？

**对方**：4.25 万美元。我们都各让一点儿，但至少可以做成交易。

**作者**：那我们给老板汇报吧。

## 如何应用

提出“我们为什么不各让一步”这个问题是一个非常有效的谈判技巧，可以让你从谈判对手那里获得 50%的直接让价。从本质上讲，这个问题显得合理而且公平。要想把这个问题的有效性发挥到极致，你要在一个长时间的僵持之后运用此问题，并且从一个尽可能有益于自己的价位开始谈判。

## 如何回答

在很多情况下，双方同意各让一步会使谈判取得一个合理且双方均可接受的结果。如果你觉得自己可以接受对方的报价并且愿意实现交易，你就直截了当地回答“好吧”或“同意”。然而，如果你做不到各让一步（可能赔钱或超越了你的权限），或认为各让一步不符合你的最大利益，那么，你就要很好地说明你为什么无法做到各让一步。例如，你可以说：“对不起，那是我的最低价格。”如果可能，你还可以在最后抛出一些杀手锏，例如说：“我还有其他几个感兴趣的客户。”“你愿意让我给你推荐价位更低的人吗？”另外，你还可以尝试把皮球踢给提出问题的人：“我真希望能够各让一步，但我无能为力。你能把价位再调一下，离我的出价稍近一些吗？给我一个能够接受的价位，我好跟老板商量。”

# 34 在达成协议前你能不走吗

有时谈判会陷入僵局，我们在谈判时都经历过这种局面。当谈判僵持不下时，“在达成协议前你能不走吗”是个不错的问题。

这个问题的一个优点是，它听上去没有恶意，而且是个积极的问题。这个问题中暗含的事实是，你也愿意达成协议，而且可能愿意做出更大让步。

“在达成协议前你能不走吗”这个问题可以非常有效地让对方透露信息。你要时刻牢记：在谈判时，知识就是力量。这种特定问题让对方透露的信息通常包括：

1. 被问方对达成协议的诚意有多大。被问方一旦同意不走，就等于默认自己想要达成协议。你一旦知道对方想要一份协议，就会处于一个比较有利的讨价还价的地位。

2. 被问方是否急于做成交易。如果对方在回答“在达成协议前你能不走吗”这个问题时说“愿意”，那往往强烈地表明，对方想在当天完成这笔交易。这个回答表现出某种程度的迫切，所以它所透露的信息非常重要。

3. 被问方是否愿意做出更大让步。从逻辑上讲，对方除非愿意为了达成协议而做出更大的、必要的让步，否则是不会同意继续谈判的。

4. 被问方不是自己有做出更大让步的权力，就是可以很快得到批准做出某种让步。**谈判中可能出现的问题是，对方是否有权做出更大让步。如果你可以让步而对方不能，那就等于白谈，所以跟一个没有权力让步的人进行谈判是一个严重错误。但是，如果被问方不用打电话或发邮件给上级就能得**

**到更大权力，做出让步，这就表明此人拥有做成这笔生意的拍板权。**

被问方只要同意没有达成协议就不离开，说明对方为达成交易投入了大量的精力。一旦和对方共处一室，你要注意察言观色，寻找表明对方已经要背水一战的线索。这个信息的透露对你至关重要，如果你能够抓住这点，它将让你拥有巨大的谈判能力和谈判优势。你一旦判定对方做不成交易就不能离开，那么你就有资格迫使对方做出重大让步，这是因为对方说“今天必须做成这笔生意”。

请记住一点，（即便你没有必要）你也最好做出一些让步。这样可以让对方保全脸面，并且能够向老板证明自己做出的所有让步都是合理的。你还要记住一点，如果你向谈判对手做出几个小让步，你常常会为自己赢得更多。你要永远牢记在心，在谈判室时自己不要表现出急于达成交易的样子，否则你就会成为丧失议价能力的一方。

请注意，如果对方在回答“在达成协议前你能不走吗”这个问题时说“不愿意”，其原因可能有以下 4 个。

1. 被问方没有留下继续谈判直到达成协议所必需的权力。在这种情形下，你最好暂停谈判，等有权做出让步的人来和你谈判。

2. 被问方不想表现出急于达成协议的样子，以免削弱自己的谈判地位。对此，你只要接受对方的挑战，说：“好吧，谢谢您的时间。我找其他商家。”这样，你就可以轻而易举地攻破对方的防线。

3. 被问方可能没有时间继续待下去。在这种情形下，你可以考虑回答说：“您什么时候有时间呢？”对方对此后续问题的答复将进一步说明其对达成协议的兴趣有多大。

4. 被问方可能认为双方的分歧过大，无法达成协议。了解到这点也是一个收获。它可以让你避免把时间浪费在无法成交的生意上。

你有责任采取后续行动并做出判定，被问方为什么不同意待在谈判室里直到谈判结束。

实例 1 是作者的亲身经历。你不妨思考一下，通过提出“在达成协议前你能不走吗”这个问题，可以把对抗性的、灾难性的谈判变成双赢的谈判。

## 实例 1

很多年前，我的一位生意伙伴由于生意进展不顺，想出售自己在公司的股份，而法律限定，他只能把股份卖给我。

当时，他特别需要钱，谈判形势迅速恶化。他聘用了一位律师并威胁说要起诉我。我收到了他的委托律师无数封令人不快的信函。形势似乎正在朝着两败俱伤的方向发展——法律诉讼、浪费时间，而唯有律师会从中谋利。

我碰巧在一次会议上见到了这位前生意伙伴。一见面，我就问他：“在达成协议前你能不走吗？”他一说愿意，紧张的气氛立刻就得到了缓解。我们到了一间安静的房间里，在没有律师参与的情况下，逐一地讨论了双方的意见。大约 1 小时后，我们达成了协议。我同意以稍高于先前抛出的价格买下他的全部股权，我为此感到高兴，我多支付的费用并没有白花。它有益于企业走出困境并避免法律诉讼所带来的费用和麻烦。而他因为得到了自己的股份现钱也感到很高兴。双方都很高兴，我们最终和解了并一直保持着朋友关系。

我的一句“在达成协议前你能不走吗”成就了所有这一切。

实例 2 是关于《星期五和平协定》的签订的。

## 实例 2

当美国参议员乔治·米切尔在爱尔兰就星期五和平协定进行谈判时，最后期限定的是 4 月 9 日，耶稣受难日的前一天。双方连续谈了 30 小时，谁都没有休息。最后，限定的时间过了，双方仍未达成协议。但最后因双方同意不考虑时间问题，继续在谈判室里直到达成协议，一个通过谈判达成的协定就这样出来了。双方同意达成协议，不仅挽救了无数人的性命，而且改善了更多人的生活。

## 实例 3

所有的谈判都不是“零和”谈判。很多时候，同事、配偶及其他人不能就行动方针达成一致，而是花费无数时间翻来覆去地讨论做什么，这个问题一直出现在我的生意中。生意伙伴常常对做什么有分歧，无法达成共识，这会使公司陷入瘫痪状态。当面临这样可能导致瘫痪的结果时，我经常会让大家待在一间屋子里，直到达成共识、能够继续经营为止。

## 如何应用

在面临僵局时，你不妨考虑提出“在达成协议前你能不走吗”这个问题。使用这个问题可以有效地判断一个僵局是否可以被打破，可以获取有价值的信息，可以帮助你不把时间浪费在徒劳无益的谈判上，可以促使谈判有个结果。

## 如何回答

最有效地回答“在达成协议前你能不走吗”这个问题的关键在于，你要以一种表明谈判力的方式回答问题。你要避免回答一个无条件的“愿意”，这是因为，这样的回答会让你显得急于做成交易，而这会削弱你的谈判地位。表明自己谈判力的回答包括：“我可以多说一小会儿，不过我还有其他感兴趣的客户，我不能待得太久。”“如果你保证灵活一些，我们可以同意继续我们的讨论。”另外，如果你反问：“你认为这样做会有什么帮助呢？”这将迫使对方做出解释，而且很可能透露有用信息。

# 35 我是不是可以结案了

谈生意时最令人沮丧的一件事是，对方不再和你联系，没有了下文。发生这种情况的原因有很多，其中包括对方没有时间、有其他事情干扰、对与你打交道不感兴趣或懒惰。提出“我是不是可以结案了”这个问题便彻底扭转了局面。提出这个问题是对付某些谈判对手的极好方法，当你的谈判对手有以下情况时，你即可提出这个问题。

- 不做出回应时
- 一直拖延时间时
- 回避和你接触时
- 无法做出决定时
- 过度拖延时间，不达成某种协议时

通过电子邮件或纸质信件向对方提出此问题，效果最好。这样做的理由很多。首先，与你打交道的这位拖延者很可能不接电话或不回电话。其次，用书面形式提出此问题能给对方造成更大的压力。这是因为，当出现某些问题时，你可以拿出书面记录和对方对质。

这个问题设计得很巧妙，它彬彬有礼地促使拖延者采取行动。你没有威胁和大喊，也没有生气，你只是问对方自己是否应该结案了。这个问题还暗含着这样一个事实：你并不急于做成交易——这有助于你提高谈判能力。此外，对于这个问题如果你得到了回答，那也经常会是一个即兴的答复。但这个答复会含有有价值的信息，并增加你讨价还价的筹码。

不管你是买方还是卖方，如果你多次得不到谈判对手的回应，向对方提出“我是不是可以结案了”这个问题会非常有效。不管在什么情况下，都建议你稍稍触及这个问题即可，而且要给你的谈判对手留足脸面。

我在自己的业务往来中也无数次地运用“我是不是可以结案了”这个问题。我发现，在多达50%以上的情况下，它可以有效地推动一个停滞不前的谈判继续进行下去。

我常在推销公司的咨询服务时使用这个问题。在很多情况下，潜在客户和我接洽后，我会准备并发送给对方一份详细的建议书，其中包括对方要求的咨询或培训服务价格。很多时候，得不到进一步的回复。于是，我就接着发电子邮件或语音邮件。尝试过三四次后，如果对方还未回复，我就使用“我是不是可以结案了”这个问题。下面是我的一般做法，发给拖延者电子邮件，具体内容如下。

尊敬的弗雷德先生：

我一直无法通过电子邮件和电话联系上您。

我是不是可以结案了？

此致！

史蒂夫

我多次使用这个简单的问题，效果不错。这些效果通常会马上出现，也就在提出问题的当天。多半情况下，我会收到以下类似的书面回复或语音邮件。

史蒂夫：

请不要结案，不好意思，我一直没有忙过来。什么时候会谈或见面最好呢？我们确实需要你的帮助。我们这里乱套了。

感谢你的耐心

弗雷德

请注意，弗雷德还说到他们确实需要作者的帮助。对方在回复有关“我是不是可以结案了”问题时，常常会透露出这种有价值的信息。

我作为买方时也有效地使用过这个问题。下面是当我无法与卖方达成一致、陷入僵局时，一般会发生的情况。在结束陷入僵局的谈话之前，我让谈判对手回去考虑一下情况，看一看他们是否能够提供一个更优惠的价格。几天之后，如果我得不到他们的回音，就会给他们发一封电子邮件。邮件中会写到以下内容。

尊敬的苏珊：

我们讨论过成为长期合作伙伴的可能性。对此，我表示衷心感谢。

我从未收到你修改过的建议书。

我是不是可以结案了？

感谢您给予我的所有帮助

詹姆斯

请留意，我怎样在对方面前客气地提到建立长期合作关系的可能性，并以此来吸引对方。发出这样的电子邮件后，我得到的回复通常如下。

尊敬的詹姆斯：

请不要结案！我和团队谈过了，我们能够降低到你提出的数目。我刚才尝试打电话给你。我等会儿再给你打。

期待和您合作。

此致！

苏珊

## 如何应用

“我是不是可以结案了”是个非常有效的问题。它可以引起对方的注意，让对方采取行动、予以道歉并达成卓越的谈判协议。在提出这个问题时，你最好用书面形式给对方，要彬彬有礼，不要威胁对方。这样可以给你的谈判对手留有脸面。

## 如何回答

你在回答“我是不是可以结案了”这个问题时要注意避免的一件事情是，不要透露任何削弱你讨价还价地位的信息。特别注意，你不要乞求对方不要结案或者自己确实需要对方的帮助。

根据谈判的情形，你的回答实际上也许还能够增强你讨价还价的筹码。这就是在你的回复中稍微加上一些信息，让你的回复显得自己不着急做成这笔生意或者还有其他的选择。例如，你可以回答：“××，感谢您的留言。因为你不肯调整你的价格，我们认为你对做这笔生意不感兴趣，所以我们快要和另一家卖主谈妥了。你要是想让我们考虑和你做这笔生意，请尽快修订建议书并发给我们。”

# 36 某人还在你那儿工作吗

谈判就像两个人跳探戈。你的谈判对手必须做出响应，你们才能在合理的时间内达成协议。令人遗憾的是，很多情况下，你的谈判对手不积极响应。“某人（你的谈判对手）还在您那儿工作吗”这个问题就是用来对付不积极响应的谈判对手的。

一个不积极响应的谈判对手会严重破坏你的谈判日程安排，让你无法按期完成谈判。如果你在挑选竞标，那么一个非积极响应的投标者会限制你的选择及谈判优势。如果你时间紧迫、急着完成谈判，那么一个不必要的耽搁可能让你损失一大笔钱。因为在谈判中，你不想让对方知道或怀疑你的时间紧迫，所以你一旦处于时间紧迫的状态，你的处境就会极其困难。向你的谈判对手的主管领导问一句：“某人（你的谈判对手）还在您那儿工作吗？”其效果会超出你的想象。这个问题可以直接将一个不积极响应的谈判对手变成一个非常积极响应的人。

“某人（你的谈判对手）还在您那儿工作吗”的潜台词非常清楚。通过向你的谈判对手的主管领导问这个问题，你就在暗示说，此人太不负责任了、响应太迟钝了，让你觉得此人肯定已经离开了这家公司。这个潜台词的威力太大了，所以提出这个问题后，你得到的结果通常是即刻的和富有戏剧性的。

提出“某人（你的谈判对手）还在您那儿工作吗”这个问题时要慎重。你不能问得过早，也不能心存恶意。要想让这个问题有效，就必须基于可信的事实。使用这个问题的先决条件是，对方一而再、再而三地不积极与你谈判。如果在两到三天的时间里你打了最少3个电话或写了3封电子邮件而对方没有给你回复时，你再使用这个问题。如果你过早地使用这个问题，你就有失去信誉的风险：你会被认为是个惹是生非的人或疯子而惹恼你的谈判对手。事实上，使用“某人（你的谈判对手）还在您那儿工作吗”这个问题是你的最后选择，其目的就是极大地提高谈判的速度且赢得更多优惠。

在使用“某人（你的谈判对手）还在您那儿工作吗”这个问题时，你应该确保自己不会暗示你急于做成交易。如果显得着急，你就会丧失谈判优势，而且这个问题会对你非常不利。让自己显得不需要做成交易可能需要一个精心设计的平衡做法。显得不需要做成交易的一种方法是，在提出这个问题时要加上一句，说你正在招标，而让你吃惊的是，与你谈判的公司却不想投标。通过这种方法，你就向对方传递出信息说，自己有几个其他选项。

你提出这个问题后，对方会积极响应。对一位主管领导来说，没有什么比一个拖拖拉拉不干事的懒惰下属更让自己头痛的事了。由于自己无法控制的外部环境而丢掉一笔交易是一回事，而由于员工不作为而丢掉一笔交易绝对是件不可忍的事情。使用“某人（你的谈判对手）还在您那儿工作吗”这个问题立刻且极大地增强对方的回应积极性，其有效性令人难以置信。由于此问题本身所隐含的风险，而且由于它对谈判对手的职业发展有不良后果，所以这个问题只能当作万不得已的最后手段使用，而且只在时间非常紧迫的时候使用。

提出“某人（你的谈判对手）还在您那儿工作吗”这个问题可以起到一箭双雕的作用。对方的主管接到这个问题后很可能马上找你的谈判对手谈话，并查明事情原委。如果问题确实出在当事人身上，这个谈判对手会因为可能让组织损失一笔交易而受到严厉训斥。在受到训斥后，你的谈判对手会更不想失去这笔交易。我发现，在使用此问题后，我的谈判对手会更积极地响应谈判，而且在谈判时更容易通融。

对“某人（你的谈判对手）还在您那儿工作吗”这个问题的另一个可能

的答复是，主管领导会向你道歉，并告诉你要亲自接管此事。这对你来说也是一个非常不错的结果。一般来说，你的谈判对手在行政管理系统里职位越高，对你就越有利。除此之外，这位主管领导会知道你现在是一位需要说服的“刺儿头”，通常会对你非常通融。

运用这个问题的最佳方法是书面形式。发送一封电子邮件（过去使用传真或信件）可以让你说清楚事情的来龙去脉。你可以在邮件中加上其他事实，如你都做了哪些工作来联系此人，以及就此交易而言，你现在打算做些什么事情等。具体实例如下。

## 实例 1

从前，我是颇具进取心的人身伤害事务律师，有一位先生在一次事故中受了伤，右腿膝盖以下截肢。我为这个人做代理律师。毫无疑问，对方应该为这次事故负法律责任。

我与保险公司指派负责此案例的理算员取得了联系，但他不积极响应。我打了两三次电话，他都不给予任何回复。我接下来给他写了信，发了传真，又打了几次电话。他还不肯回复。我对此十分恼火。于是，我为我当事人的残肢拍了 6 张彩照（残肢已经渗出了脓等），并将照片寄给了这家身价 10 亿美元的保险公司的总裁，并在附信上写道：

我是布朗先生的代理律师。正如你从所附照片上看到的那样，他遭受了严重的伤害。对于谁对此次事故负责，我们没有异议。我已经多次尝试让琼斯先生，公司指派负责理赔的理算员回复我的电话、信件和传真（见附件），但都毫无结果。

我只有一个问题：

琼斯先生还在您那儿工作吗？

感谢您的帮助。

附言:我可以肯定,贵公司通常会诚心诚意地来解决这些毫无争议的案例。

此信发出后不久，我收到了这家大型保险公司总裁打来的电话。电话内容如下。

我收到了您的来信，并可以向您保证以下几件事情：

1. 琼斯先生确实仍然为我们工作。

2. 他将马上给您打电话。

3. 我们将继续诚心诚意为客户服务。

感谢您让我关注此事。哦，顺便说一句，请不要再给我寄这样的彩色照片了。负责处理我的邮件的行政助理不是一位战地外科医生，不习惯看这种照片。

5 天后，这位显然受到了严厉警告的理算员给我打了电话，为“误解”表示道歉，并且以非常有利于我当事人的条件了结了此案。

## 实例 2

前一段时间，本书的两位作者在与一家饭店进行一些合同谈判，即关于在一个特定地点开一次会议的谈判。我们与这家饭店的交易对饭店来说是一笔超过了 10 万美元的收益。出于多种商业原因，我们需要迅速结束这些谈判，但显然，我们不想让饭店知道我们的时间很紧。我们收到了一份合同草案，修改之后又送回到了对方的联络人手里，但没有回音。我们打了电话，留了口信，请对方把修订后的合同反馈给我们。结果还是没有回复。我们接着发了一封电子邮件，索要修改后的合同，但仍然没有消息。我们给联络人打电话、发语音邮件，我们要求立即得到帮助，而得到的信息是电话是空号。虽然我们非常喜欢他们的联络人，不想让他有麻烦，但最终我们别无选择，只能给他的主管发了一封电子邮件，具体内容如下。

尊敬的史密斯先生：

琼斯先生还在贵饭店工作吗？我们多次尝试与他签订一大单销售合同，却没有得到他的回复。我们希望一切都好。请告诉我们贵方是愿意考虑与我们签订这份合同，还是不想和我们做生意呢？

我们很快就收到了回复，结果令人惊叹。20 分钟后，我们收到了对方主管的电话。他感到非常抱歉。他告诉我们说，饭店人手不够，他们的联络人一直在做 3 个人的工作。他还告诉我们说，我们将在 1 小时内收到合同的更新内容。我们确实在这个时间内拿到了。我们不仅得到了答复，而且对方还同意了我们所提出的一切条件。我们在发给这位主管电子邮件 2 小时后签订了合同，合同的条款对我们非常有利。另外，自从我们发出那份邮件后，我们得到这家饭店所有人极其积极的服务，其中包括最初那位不积极响应的联络人。

## 如何应用

向不积极响应的谈判对手的主管领导提出“某人（你的谈判对手）还在您那儿工作吗”这个问题，你会收到极其有效的效果：极大地增强回应性并赢得优惠。只有当你的谈判对手多次不积极响应时，你才可以把这个问题当作万不得已的最后手段来使用。如果你在不恰当的情形下使用此问题，它很可能给你带来不利影响。你最好以书面的形式提出此问题。当提出此问题时，你应该非常谨慎，不要让自己显得急于达成交易。如果你显得急于达成交易，就会适得其反。这个问题会对你的谈判对手的职业发展带来很大的负面影响，所以它不适用于懦弱之人。

## 如何回答

你最好不要被问到“某人（你的谈判对手）还在您那儿工作吗”这个问

题。如果你确实遇到了这个问题，它要么意味着你的谈判对手是个性情古怪的人，而你的员工犯了错，要么意味着其他事情出了差错（如电子邮件沟通有误）。如何回复这个问题则要看具体情况。

如果你认为这个问题有失公允，或者发信人用心不良，那么就要问自己是否真的要与发信人打交道。在这种情况下，一个不错的回复可能是礼貌地把此人委托给一个你不喜欢的竞争对手。例如："感谢您的留言。我们调查了此事，认为我们无法满足您的要求。我建议您与×××联系，他也许能够给予您帮助。他的电话号码是555-123-4567。再次感谢您的垂询。"

如果你判定自己的员工没有积极响应，那么你就需要找原因了。如果有增加你讨价还价筹码的正当理由，你一定不要吝惜使用这个理由。例如："×××先生，感谢您的留言。很抱歉××女士没有再和您联系。我们这里的问询和销售任务非常繁重，××女士需要优先照顾最佳潜在客户。您的报价离我们的出价太远，她觉得您的垂询缺乏诚意。如果您的出价有灵活性，请随时和我或××女士联系。再次感谢您的垂询。"

如果你的员工因为正当的紧急情况而没有及时回应对方，你可以考虑这样说："很抱歉，××女士没能再和您联系，她家中有人去世了。我将随后和您电话联系，洽谈您的需求。"

你还可以把没有收到对方信息的正当理由告诉对方。例如，"对此我很抱歉。我们调查了此事。不知什么原因，您的电子邮件在××女士垃圾邮件箱里，她将马上和您联系。再次表示感谢。"

如果你没有正当理由，而问题明显出在你的员工身上，那么你就应该亲自处理问题了。你在给对方的回复中不要提供会削弱你讨价还价地位的信息，也不要给对方火上加油。你不妨把谈判接过来，不要纠缠过去的任何细节，把重点转向交易上。例如，你可以说："×××先生，我很抱歉没有人再和您联系。我将亲自处理您的业务。今天什么时间给您打电话方便呢？"

# 37 你想寻找双方都能接受的解决方案吗

“你想寻找双方都能接受的解决方案吗”是个情形问题，它是用来处理陷入僵局的具体情形的。这个问题用在你认为对方带着诚意谈判并在寻找双赢的解决方法时。

“你想寻找双方都能接受的解决方案吗”这个问题可以非常有效地打破僵局。谈判陷入僵局时，双方都需要后退一步，突破僵化思维并考虑新的解决途径。这个问题有助于让谈判的参与者重新振作，并努力寻找富有创新性的、双赢的解决方法。

这个问题的潜台词很简单：你不能接受摆在谈判桌上的东西，想让对方和你寻找双方都能接受的结果。如果对方同意寻找，你也会同意。从本质上讲，“你想寻找双方都能接受的解决方案吗”这个问题就是要让双方同意调整位置、做出让步、修改要求或条款从而达成协议。你的谈判对手给出肯定的答复本身就是重大让步。这是因为，尽管你的谈判对手没有同意做出具体让步，但对方同意寻找其他解决方案，这就等于对方承认目前的建议不能让你接受。这也等于对方默认要考虑做出进一步让步。

在这个问题面前，人们很难说“不愿意”，所以它是个有效的问题。请求对方发挥创新性以便找到让双方双赢的解决方法——什么能比此更合情合理呢？拒绝同意寻找双方都能接受的东西就很可能被对方看成缺乏合作精神，没有诚意。此外，如果你的谈判对手同意富于创新性，这个人会有什么损失呢？

“你想寻找双方都能接受的解决方案吗”这个问题的另一个好处是，它温和地提醒你的谈判对手，目前摆在谈判桌上的东西不能让你接受。因此，你可能不得不退出谈判。如果发生这种情况，你的谈判对手就会失去这笔交易。

你一旦让自己的谈判对手对这个问题回答说“愿意”，最好的做法是接着问类似于“你有什么主意吗”“我们还有什么方法找到解决方案呢”“你为什么不思考一下这个问题，看看自己会有什么想法呢”等问题。提这些后续问题的目的是，鼓励你的谈判对手提出建议。如果幸运，这个建议会让你得到非常大的优惠。

如果你的谈判对手不愿意提出一个创新性解决方法，你就需要考虑自己提出一个来。显然，你自己提建议时需要特别小心。你不要不经过深思熟虑就匆忙提出一个建议。你还要特别当心，不要只是自己跟自己谈判。这也就是说，如果你的新主意含有让步，你也要让对方做出让步。

“你想寻找双方都能接受的解决方案吗”是个精心设计的问题。这是因为，不论对方说“愿意”还是“不愿意”都有利于你的谈判。如果对方说“不愿意”，这个答复就是一个红色的危险信号：你的谈判对手不寻求双赢的解决方法，而且也不会做出任何有意义的让步。在这种情况下，你应该认真考虑结束谈判并考虑探索其他备选方案。

多年以来，当我们在谈判中陷入僵局，但似乎应该能够达成双赢的协议时，我们就会运用这个问题，效果不错。

## 实例 1

例如，前一段时间我们一直在寻找可以为我们开发定制软件的人。我们的出价与此软件编程员的要价相差甚远，谈判僵持不下。在提出了“你想寻找双方都能接受的解决方案吗”这个问题后，双方拿出了一个创新性解决方案：对方降低要价，我们延长交活儿时间。双方的大致谈判如下。

**作者**：我们想找你给我们开发的某款软件做些编程工作。我给你发过具体说明。我们谈谈费用问题吧？

**编程员**：它不像看上去那么简单。

**作者**：当然不简单。

**编程员**：我得一点儿一点儿地做。如果具体说明和项目范围不做任何改动的话，费用是 2.5 万美元。

**作者**：我相信你的工作值这么多钱，可是它超出了我们的出价范围。

**编程员**：你的预算是多少？

**作者**：我们的预算是 7 500 美元。

**编程员**：离我的要价差得太远了。

**作者**：你愿意动动脑筋，做成这笔交易吗？

**编程员**：你有什么想法？

**作者**：你需要多长时间给我们做完活儿呢？

**编程员**：我的其他几个客户确实有钱且愿意出大价钱让我干活，我几个月都忙不过来。如果我们能够谈妥价钱的话，3 个月也许可以。

**作者**：如果我们请你在工作之余开发这个软件，没有时间限制，怎么样？

**编程员**：这倒是有吸引人之处。

**作者**：1 万美元怎么样？没有时间限制，我们先付 7 500 美元定金。

**编程员**：成交。只要不在 2 周内打电话问我是不是完成就行。

## 实例 2

我们与很多饭店谈判过。我们在这些饭店里举办公司开设的研讨班和举行会议。在这些谈判中常见的一个症结是，饭店要为参加研讨班或会议的人员预留房间，而饭店经常坚持让我们为所有这些预留房间埋单。这在会展业称作“损耗条款”，是一大笔生意。问题是，如果研讨班或会议的参加人数不多，而我们必须为饭店预留的所有未住宿的房间付费，那么这笔损耗费就会让我们遭受巨大的经济损失。我们从不同意付损耗费，所以与饭店的谈判就会僵持不下。下面是我们在几年前打破这种僵局的谈判对话。

**饭店**：看起来除了损耗费之外，我们在其他方面都达成了协议。

**作者**：是啊。正像我们解释过的那样，损耗费对我们来说是个不能回避的问题。我们喜欢你的饭店，愿意把它当作我们举行会议的常用饭店。

**饭店**：我们明白，但我们的利益也需要得到维护。

**作者**：你想寻找双方都能接受的解决方案吗？

**饭店**：当然愿意。你知道我们想和你做生意。

**作者**：你们为什么不和团队一起开动脑筋，看看你们能拿出什么解决方案呢？

请注意，我们是如何让对方拿出一个创新性解决方案（优惠）的。几小时后，我们接到了一个电话：如果饭店同意放弃此损耗条款，则会对我们预订的房间数进行严格的限定。如果饭店的房间紧张，他们将有权减少为我们预留房间的数量并向公众转售这些房间。这样行得通。我们马上答应了他们的条件，而且自此之后一直和他们做着互利双赢的生意。“你想寻找双方都能接受的解决方案吗”这个问题打破了一个潜在的僵局，并直接催生了一个双赢的解决方案。

## 如何应用

“你想寻找双方都能接受的解决方案吗”是个非常有效的问题，它有助于打破一个僵持不下的局面。这个问题风险低，对方也难说“不愿意”。假如你的谈判对手说“愿意”，你要尝试鼓励对方拿出创新性解决方案。假如你的谈判对手连尝试创新都不愿意，那就可能到了考虑你的备选方案，结束这次谈判的时候了。

## 如何回答

因为回答“你想寻找双方都能接受的解决问题吗”这个问题可能需要你做出让步，所以你在回答时既要坦诚，也要把拿出解决方案的责任推给对方。一般来说，你不要拿出解决方案，因为这可能迫使你摊牌，表明自己愿意放弃什么。你可以回答说：“当然，你有什么想法？”如果对方迫使你拿出创新性解决方案，你可以简单地说一句：“我需要想一想。如果我有了想法，我会告诉你。”这样你就很容易地回答了对方的问题。

# 38 你愿意私下商谈吗

当谈判僵持不下时，这是向对方提出的另一个不错的问题。当谈判陷入僵局时，谈判过程的繁文缛节就成了一个问题。**经常出现的情况是，双方都担心提出优惠条件而得不到对方的回馈。**当谈判双方各不相让、维护各自的谈判地位时，“你愿意私下商谈吗”这个问题就能够推动谈判继续进行。

一个坦诚的私下商谈常常可以促成重大进展。这是由于以下几个事实。

- 它可以迅速缓解紧张气氛。
- 双方并不是正式地提供或接受任何事情。
- 私下商谈能够让双方不再固守自己的谈判立场。
- 私下的谈判方式鼓励试探性要求：“如果我能够得到 12.5 万美元，你愿意接受吗？”
- 双方能够给各自公司的主管领导打电话，以便尝试得到让步的授权。
- 这个问题让双方有一种“我们对他们”或“我们处境相同”的心理——谈判者都担负着努力取悦于苛刻的主管领导的共同压力。这让他们同病相怜、惺惺相惜。一旦双方认识到或接受这个事实：他们的主管领导发出的“行军命令”可能不切实际，他们就可能更好地给自己定位，一起努力解决问题。

作者的经验是，使用此问题所得到的回答几乎都是“行”或“好的”。对方说个“行”后，你要放下手中的笔，把你的记事本收起来，或者合上你的笔记本电脑。一旦开始私下商谈，你要努力与自己的谈判对手建立私人情谊。然后，你可以继续放出一些试探性气球或给对方一个你觉得非常有用的信息。让我们看看这个谈判技巧是如何为我们所用的吧。

## 实例 1

我们以前是律师。作为代理律师，我们有机会通过谈判解决数百件案子。而“你愿意私下商谈吗”这个问题对于打破谈判过程中出现的僵局非常有用。

（电话谈判）

**作者**：你的意思是，你最多为这场官司赔偿 5 万美元吗？

**理算员**：没错。我只能赔付这么多，再多一分钱也不行。

**作者**：我的当事人指示我索赔 10 万美元，少一分钱也不行。

**理算员**：明白。那我们怎么办呢？

**作者**：你愿意私下商谈吗？

**理算员**：我们怕什么呢？

**作者**：你放下你的笔，我也放下我的。我的客户不讲理，你的经理很可笑，我们该拿他们怎么办呢？经理如果不给你足够的钱，又怎能希望你处理好这些案例呢？

**理算员**：你还不知道更糟糕的呢！有空过来看看我们的 GOYA 表吧。

**作者**：GOYA 表？

**理算员**：是啊，我们挂在墙上的一张大表。上面列着所有的案子，每位理算员还有多少案子要处理。我们把它叫作 GOYA 表，也就是《挪屁股表》。

**作者**：太好了。如果我能说服我的当事人不坚持索赔 10 万美元，你能让你的经理挪挪他的屁股吗？

**理算员**：他们又往我的桌子上放了 11 个案子。你能接受 7.5 万美元吗？

**作者**：不能。但我会让他接受 8 万美元。

**理算员**：我去见一下经理。别让我失望。

请注意，实例1中我们能够让理算员相信，我们站在他的一边反对理算员的主管领导。我说的私下商谈这句话起到了作用。

## 实例2

我在一次房地产交易中与卖方的经纪人打交道时也使用了“私下商谈”技巧。

**作者**：好吧，我们好像有2.5万美元的差价。

**卖方的经纪人**：是啊，卖家不倾向于再降价了。

**作者**：我们能私下谈谈吗？

**卖方的经纪人**：当然可以，为什么不呢？

**作者**：瞧，我甚至不想搬家。我喜欢我们现在住的房子，这都是我夫人的主意。你结婚了吗？

**卖方的经纪人**：嗯，我也遇到过同样的问题。我知道你是从哪儿来的。我会让他们知道，你不愿意再加钱了。

实例2中，卖家松了口，答应了买家的价格。这位代理人回去后向卖家透露了这条“绝密”信息：买家买房子的积极性不高，于是卖家降低了要价。买家巧妙地运用这个私下商谈问题与代理人拉近了关系，并且以一种可信的方式传递出一个增强谈判力的信息——买家对购买房子的积极性不高。另外，请注意代理人用“不倾向于”这个词时所透露的信息。主动倾听技巧对谈判成功起着至关重要的作用。

## 如何应用

当面对谈判僵局时，请对方私下沟通是一个非常有效的谈判问题。这个问题可以消除紧张感，建立私人情谊，并有利于放出试探性气球。

## 如何回答

你可以用几种不同的方式回答“你愿意私下商谈吗”这个问题。最常用的是，简单地说声“愿意”，然后听完对方说些什么。如果对方不是一位谈判高手，此人透露的信息可能对你有利。

如果跟你打交道的是一位谈判高手，那么私下商谈这句话很可能是对方精心设计用来削弱你的谈判力的。在这种情形下，你可能想有礼貌地说一句“不愿意”。你可以通过几种不同的方法做到这点。例如，你可以精神饱满地说：“我的律师总是对我说，根本没有私下商谈这一说。”你还可以这么说：“我遵循的一个原则是，我不想知道任何秘密。这会让生活更简单。所以，如果你想保守某个秘密，我就不想知道这个秘密。希望你能理解。”另外，你可以有礼貌地谢绝对方说：“我的职业道德不允许我们进行私下商谈。”

# 39 你能推荐其他人吗

“你能推荐其他人吗”是买家问的一个问题，是一个非常给力的问题，能够立竿见影地且显著地提升你讨价还价的地位。这个问题的潜台词既清楚又有力：我们需要某件东西，你没有提供这个东西。我不高兴。我拥有这个情形下的所有谈判力，为了结束和你谈判，我积极筹划，选择卖家。

正如其他卓越的谈判问题一样，从表面上看，“你能推荐其他人吗”这个问题既礼貌又低调，但会把与你洽谈的卖家置于一个非常困难的境地。你清楚无误地向卖家挑明，你就要和他们说“拜拜”了。当这个信息击中要害时（它几乎立刻就会击中要害），卖家就会处于要么让步、要么失去你这位客户的困境。因为生意和人性就是如此，所以在听到这个问题后，卖家如果能够让步，他们通常就会做出让步。

如果用“你能推荐其他人吗”这个问题来吓唬对方，那这个问题本身确实带有很大风险。如果你的要求不合理，态度蛮横无理，那么一个灰心丧气的卖家也许会很高兴把你打发给自己不喜欢的竞争对手。如果发生这样的事情，而你还确实想跟自己向其提出这个问题的卖家做生意，那你可就惨了。如果你继续与你提出这个问题的卖家做生意，你的把戏就会被戳穿，你就会失去很多谈判优势。如果你没有做好充分准备，不准备让自己的谈判筹码少于对方，那你就不要用“你能推荐其他人吗”这个问题来吓唬对方。

提出“你能推荐其他人吗”这个问题的理想时间是，卖家采取的是蛮不讲理的态度，而你绝对无法接受这个态度。在这种情况下，因为卖家没有表明他们能够或愿意把你需要的东西给你，所以你不会有任何损失。这时，“你能推荐其他人吗”就不带风险了。

这个问题在改变不会变通的卖家方面可以创造奇迹。“你能推荐其他人吗”经常是最终起决定性作用的问题。它能让你的要求很快得到满足。当作者和卖家的谈判陷入僵局，而且准备好、愿意且能够结束与此人的谈判时，作者经常会使用这个问题，而且效果不错。

“你能推荐其他人吗”用来质询与你长期打交道的卖家时起到的效果会特别好。威胁与你长期打交道的卖家说要终止谈判，这对对方来说损失最大，所以这个威力最大。此类卖家常常会盲目自满，不把你的生意当一回事。当他们有这种自满情绪时，你得到的服务水准就会大打折扣。通常情况下，“你能推荐其他人吗”这个问题中所暗含的要与对方终止谈判的威胁会让你得到自己想要和所需的东西。以下有几个实例供参考。

## 实例 1

我的公司要印刷很多东西。最近，我和常打交道的一个印刷厂家发生了不小的摩擦，而“你能推荐其他人吗”则解决了双方的摩擦。

过去我一直与某个印刷厂家合作。我每年给这个印刷厂家提供 3 万～5 万美元的生意，我们得到了相当好的服务。然而，久而久之，这种服务质量逐步下滑。就在最近，我们需要对方加急印刷一些材料。如果不能把这个简单的印刷工作做好，我们就可能失去 2 万～3 万美元的利润。

我们打电话让对方报价，但没有回应。我们连打了两三次电话，解释了此单生意的急迫性。最终，我们接到了对方客户服务人员的回电。他解释说，“不可能”给我们提供加急服务，厂家的生意很多，还要照顾其他客户，也许可能在几周之后才能给我们做。遗憾的是，正如他们所知，我们需要他们在两天后交活儿。我们非常怀疑与我们打交道的这位客户服务人员有些懒惰，不想改动自己的工作安排，不愿意加班加点帮助我们解决问题。除了多做工作外，这对他有什么好处呢？

事情到了这一步，我们就只能背水一战了。我们需要在两天后完成这项工作。如果他们不接我们的生意，我们就必须重新去找愿意接的人。这位客户服务人员显然不肯让步，我们面对的是死路。我们给印刷公司的老板打了电话，解释了我们的需求，我们对他们不能通融一下而感到吃惊。（他还说："你认为一个印刷厂家会印这个东西吗？"）双方的通话非常短暂。作者带着极其严肃的口气问了一个问题："您这么忙碌，忙得把业务都推掉了。我们对此表示祝贺。我们喜欢成功的故事。我们所要寻找的只是一个印刷并珍惜我们业务的印刷商。我们知道，我们只是小客户，在 10 年的时间里只让你们做了 30 万～50 万美元的生意。您在这个行业里干了很多年了，你能推荐其他人吗？"提出这个问题就像挥舞了一下魔杖一样。对方立刻向作者道了歉，对我们给他们提供生意表示感谢，并保证他们能够且愿意在我们要求的时间内完成我们的印刷工作。至于印刷公司老板与那位客户服务代表之间的谈话，我们也就只能做出猜测了。

我们之所以能够如愿以偿，是因为我们找对了人，问对了问题。我们找对的人就是老板。老板不同意我们的要求就会失去很多。如果向这位客户服务代表提出这个问题则不会有效。如果他帮了我们，他就不得不多付出劳动，这显然不是他非常乐意做的事情。

我们问"你能推荐其他人吗"这个问题表示，我们准备并乐意随时终止生意。我们在提出这个问题之前已经清楚地表明，我们提出的是正当要求（让印刷商印刷材料）。我们还暗示说，如果终止生意，老板会有 30 万～50 万美元的损失。这也有助于让这个问题发挥作用。正如通常一样，一句"你能推荐其他人吗"马上让我们百分之百地如愿以偿。

## 实例2

前一段时间，我们需要当地的一位承包商做些活儿。之前，我们已经与这位承包商建立了长期业务关系。这些活儿需要在几周内完成，但不是急活儿。我们打电话给承包商，他的助手接了电话。我们说明了自己需要对方做什么。我们和他的助手的对话几乎让人难以置信，近似于滑稽。显然，我们碰上了一个没有权力、没有积极性或因没有常识而无论如何都不会变通的人。以下是我与承包商助手的对话。

**作者**：你什么时候能过来呢？

**承包商助手**：明天8～12点。

**作者**：哦，我有件非常重要的事情必须在9～10点做。这个时间不能改。你能换个日子吗？

**承包商助手**：不能。

**作者**：好吧，你能确保明天10点以后来吗？那我们就明天谈？

**承包商助手**：不行。我们不这么工作。

**作者**：好吧，让我们再安排时间。

**承包商助手**：对不起，我们明天计划到你们那个区域。

**作者**：你是在告诉我说，明天8～12点是你来做这个活儿的唯一时间段吗？你这辈子就只有这段时间吗？

**承包商助手**：我们会在那段时间到你们那个区域。

**作者**：你能让老板打个电话给我吗？这是我的手机号。

**承包商助手**：我会告诉他。

当天晚上老板打了电话。我向他解释了自己与他的助手之间那段不同寻常的谈话，对打搅他的公司和他本人表示了歉意，然后提出“你能推荐其他某个愿意到这里来干这个活儿的人吗”这个问题。对方马上回答说：“不需要。如果你方便的话，我会派人后天8点过去。”他说到做到，并准时派人上门服务。我找对了人（老板），问对了问题，因此能够让自己合理的服务要求得到满足。

## 如何应用

如果你愿意终止与卖家的谈判，你就可以向对方提出“你能推荐其他人吗”这个问题。当你与对方的谈判陷入僵局，而且确实准备立即走人时，你提出这个问题所达到的效果最佳。如果你把这个问题用在一个和你有长期业务往来关系的卖家身上，那它所达到的效果会非常好。这是因为，如果你转身走人，损失最大的将是卖家本人。“你能推荐其他人吗”这个问题最好说给卖家某个有权的人听。如果你用这个问题来恐吓对方，那你就会有风险——卖家会揭穿你的把戏。如果你的要求不合理或你是一个不好打交道的人，那么你的风险就会更大。

## 如何回答

如何最好地回答“你能推荐其他人吗”这个问题，取决于你的谈判筹码、目标及你想冒多大风险。如果你觉得自己处于一个强有力的谈判地位，而且还拥有其他备选方案，一个有效的回复就是识破对方的把戏。例如，你可以回答说：“当然，你有笔吗？有很多其他的供应商可能出低价，而且不像我们这么忙。”反过来说，如果你确实还有谈判余地，认为对方没有虚张声势，而且不想冒险失去这笔交易，一个不错的回复是把谈判的重点重新转回到谈判上来。例如，你可以回答说：“我认为没有必要这么做。我敢肯定我们能达成某种一致。”或者回答说：“好的，如果你需要，我们明天肯定能去那里。没有问题。”你要时刻牢记一点：如果向你提出这个问题的人是一个与你有长期业务往来的重要客户，那么在一般情况下，你要格外小心，不要失去这位大客户。长期客户非常宝贵，一旦失去将很难找回。

# 40 你能给我一个让老板看的结果吗

谈判的目的是让对方做出让步。“你能给我一个让老板看的结果吗”是个简单问题，它能够非常有效地让你的谈判对手做出让步。这个问题的潜台词相当简单：我的老板是最终拍板的人，我得让我的老板看得过去。他现在不高兴。要想做成这笔交易，我需要一点儿好处。

在处于困难的谈判处境时，把老板拉出来做挡箭牌有很多好处。

第一，通过告诉对方自己的老板需要什么，就是在告诉对方你不只是在要求对方做更大的让步，而是你需要得到这些让步。如果你的谈判对手相信，你需要得到让步才能达成交易，他就会意识到不给予你让步，交易将可能告吹且机会也会告吹。

第二，它有助于谈判双方建立友谊。每个人都有老板或有过老板。你向对方说明自己听命于老板，你就是在赢取谈判对手的更多同情。这是因为，他们本人或曾经或正在处于同样的位置。如果对方同情你并喜欢你，他就更有可能给予你让步。除此之外，让你在谈判桌上提出要求的是你的老板而不是你本人，这个事实将有助于使在谈判过程中可能产生的敌意或怨气最小化。

第三，它通常会让你拥有有利的谈判地位。这是因为，这个问题有力地说明你一切听命于老板。这样，你就可以轻而易举地声称自己没有权力给对方做出让步，所以它有利于你的谈判。

第四，它转移了谈判焦点。它迫使你的谈判对手想方设法满足你的条件。这让你在谈判中处于一个非常有利的位置。

使用“你能给我一个让老板看的结果吗”这个问题的最佳时间是谈判陷入僵局的时候。因为这个问题还暗示说，如果对方不做出更多让步，谈判就会失败，所以你要是在这个时候提出这个问题，它的威力就会变得无穷大。在这种情况下，如果你的谈判对手不做出更大让步，他就很可能失去整笔交易，那他所冒的风险就非常大了。你的谈判对手会担心失去整笔交易，这将迫使他做出更大让步，从而让你如愿以偿。

要想让这个问题发挥最大效力，委派一个没有全权拍板并做出让步的人与对方谈判是个不错的主意。如果你方的谈判人员是老板，自己说了算，那他就不能使用这个问题。有时，这个问题的修改版可以用在这种情况下：“你能给我一个什么结果，让我带回去给我的董事会、员工、团队、配偶和搭档呢？”这个问题的理念相同：我需要向其他人做出交代，需要得到更大的让步才能说服我要做出交代的人。

此外，请注意这个问题的措辞。在谈判时，提出问题的措辞非常重要。“你能给我一个让老板看的结果吗”这个问题会有效，是因为简单地回答说“不能”会不合情理，听起来刺耳。正是因为这个问题的措辞，你极有可能得到对方的某种让步，尽管这种可能不大。

作者通常用“你能给我一个让老板看的结果吗”这个问题来实现更好的交易，而且几乎是百战百胜。

## 实例

我们最近与一位潜在卖主洽谈一笔交易额为6位数的生意。我负责谈判。谈判反反复复地进行了两个星期。我得到了一些让步后，对方就再也不肯做出更多让步了，谈判陷入了僵局。这时，我打电话给这位潜在卖主。以下是这场谈判的大致对话。

**作者：**珍妮，非常感谢你的建议和你付出的辛勤劳动。我觉得它看上去非常诱人，但我的老板不这么认为。他坚持认为我们应该另辟蹊径。你不认识他，这么说吧，他是一个“老顽固”。

**卖主：**哇，我们已经满足了你们的大部分要求。我不知道我们是否还能做出更多让步。他是什么意思？

**作者：**教员办公室的房租再降低一些。他坚持这点不放。他对另一个卖主非常感兴趣，对方提出的房租是每晚 99 美元，而你们的报价是每晚 150 美元。

**卖主：**哦。

**作者：**你能给我一个让老板看的结果吗？

**卖主：**让我看看我能做什么吧。

第二天，卖主给作者回了电话，并且给了 5 000 美元的优惠。

请注意，作者等到把谈判对手已经逼到几乎无路可走、谈判似乎要进行不下去时，才使用“你能给我一个让老板看的结果吗”这个问题。把老板的首肯拿出来当挡箭牌，给出老板为什么不满意的具体理由，并且强调自己的备选方案——所有这一切让我在前面的僵局后得到了最终的重大让步。

我常用这个问题来敦促自己的员工为公司赢得更好的交易。下面是我的做法。例如，我让一名员工为我们需要做的某项工作进行招标。我先培训员工拿到竞争性的报价，接下来，他们受到的培训是让卖家相互竞争，以便自己得到比较低的报价。等拿到一个低报价后，我会让员工为自己赢得更多的让步。当员工问我，怎样才能得到更多让步时，我就让员工告诉卖家，自己的老板要一个更低的价格才会答应这笔买卖。我还让员工向对方提出“你能给我一个让老板看的结果吗”这个问题。我发现，这个问题常常会带来更多让步。这样做的另一个好处是，员工不想当“恶人”，而且可以把责任推到老板身上，所以他们很乐意使用这个谈判技巧。

## 如何应用

向对方提出“你能给我一个让老板看的结果吗”这个问题，将促使你的谈判对手最后痛下决心，做出让步。当谈判僵持不下时，这个问题能够达到最佳效果。**要想能够使用这个问题，重要的一点是，委派一个不能全权做出让步和达成交易的人去与对方谈判。**

## 如何回答

在回答“你能给我一个让老板看的结果吗”这个问题时，你可以采取 3 种不同的方式。

第一种，你可以将计就计，有具体条件地让出一小步，这将让你马上达成交易。如果你还有谈判空间，并且能够有效地终结这场讨价还价，这种方式值得一试。它可以让你的谈判对手因为从你那里赢取了更多让步而看上去像一位英雄。例如，你可以回答说：“好吧，我已经做出很大让步了。我可以跟老板商量一下，看看如果你能在今天营业结束之前签约的话，我们是否给你提供 30 天的免费服务。”请注意，你在回答时提到要征得老板同意，这就保护了你自己。

第二种，告诉对方你非常愿意和对方的老板直接洽谈。如果对方只是拿自己的老板做幌子，那么他的老板很可能没有时间也没有兴趣与你洽谈。你做出的回答是对这个问题的有效防御。例如，你可以说：“我非常乐意与你的老板直接洽谈。如果他愿意打电话，可以随时打给我。”请注意，如果对方按照你的要求，把你引荐给他们的老板，那你仍然处于一个比较好的谈判地位。这是因为，你并没有做出任何退让，而且现在要和一个权位更高的人接洽了。

第三种，把它当作一个重申你的服务优势的机会，并且把压力转移到对方身上。这么做的理念是积极展开另一场宣传工作，并努力打造威力。例如，你可以说："你可以告诉他，你喜欢我们的产品。我们的产品会让他节省时间和金钱，但我们的销售今天结束，所以他必须马上做出决定。"

# 第9章

# 达成协议

所有谈判中，难度最大的就是达成协议。因为达成最终协议就意味着必须履行合同，所以对方可能迟疑不决。本章提供的问题旨在帮助你达成协议。

# 41 如果没有异议，我让律师把合同送来好吗

多年的经商让作者有以下 5 点体会。

- 达成协议很困难。
- 棘手之处常在细节里。
- 对方的律师较磨蹭，让人心急。
- 让自己的律师起草一份协议通常对你有利。
- 复杂而正式的长篇合同会减缓谈判节奏，浪费大量时间。

“如果没有异议，我让律师送来一份合同好吗”这个问题可以用来解决达成协议这个难题。显然，这个问题只适用于双方需要或想要一份正式的书面合同时。在公司对公司的谈判中，当你的谈判对手在谁起草合同上具有灵活态度时（很多大型组织要求自己的律师起草合同或要求使用标准格式的合同），这个问题就能够发挥很大的作用。

**在谈判中，你的谈判对手常常会对你的提议做出含混不清的回应。**例如，如果你说：“好吧，如果我们把价格降低到每月 1 万美元，而把期限延长到 16 个月，你认为怎么样呢？”对方可能回答说“我可以忍受”或“这听上去很诱人”，而不会清楚地对你说：“好吧，成交了。”向对方提出“如果没有异议，我让律师送来一份合同好吗”这个问题就是要让你的谈判对手回答“好的”，而不再让对方含糊其词或要求你给予更多让步。因此，如果你想使谈

判达成协议，那么“如果没有异议，我让律师送来一份合同好吗”就是向对方提出的一个不错的问题。

“如果没有异议，我让律师送来一份合同好吗”这个问题可以使你的谈判对手同意你的律师起草合同初稿，为你赢得好处。让你的律师起草合同初稿的好处很多。首先，一般来说，律师们需要花很长时间才能拿出合同，而你对自己的律师的影响力要远远大于对谈判对手的律师的影响力。因此，你让自己的律师快速拿出一份合同的可能性会更大一些。由于拖延签订合同常常会有经济代价，所以加快最后签订合同的速度经常是一个关键优势。此外，拖延签订合同会让谈判对手有机会反悔。

很多合同的棘手之处常在合同的细节和法律措辞里。因为你的律师在涉及合同的附属细则时会自然而然地保护你的利益，所以让你的律师起草合同草案会对你有利。当然，对方会对合同草案提出修改意见。由于谈判使用的是合同语言，而这份合同是你自己的律师起草的，所以这个合同语言的出发点就对你有利，你就会处于优势位置。

律师在起草正式书面合同的过程中，谈判双方达成的很多口头协议就会失效，或近乎失效，或被不必要地拖延。作者在经商过程中就遇到过很多类似情况。之所以出现这种现象，是因为一方草拟的“霸王”合同内容极其烦琐、空洞、盛气凌人且长篇大论。如果你的律师起草合同，你就可以让律师把合同写得尽量简单，并且避免使用过于偏袒一方的语言。尽可能不让起草的合同超过一页，让书面合同短小精悍，能够有效地在一个合理的时间内达成交易。

一般情况下，出于懒惰或节省律师费等原因，你的谈判对手会很乐意让你的律师起草合同初稿。他们也许会措手不及，没有意识到做出这一让步的重要意义。确实如此，这个问题的漂亮之处是，你主动提出承担让自己的律师准备合同的律师费和责任——这使得这个交易很诱人。请注意，让自己的律师起草合同初稿的一个不利之处是，你的律师费会比对方高。然而，在很多情况下，及时履行有利于你的协议所带来的收益会远远超过你支付的额外律师费。

“如果没有异议，我让律师送来一份合同好吗”这个问题的风险非常低。它是个公事公办性的问题，不会冒犯对方。最坏的结果也莫过于对方给你一个否定答复。他们做出这样的答复，是因为他们觉得还没有和你达成一致，或者他们不能同意让你的律师起草初稿（一般来说，这是因为公司某个条例要求他们使用标准的合同格式，或者要求他们的律师起草合同草案）。

你不妨思考一下下面这两个相关实例。

## 实例

很多年前，我的公司为专业教育人员制作了系列录像带。这笔交易要求，某大型非营利性组织是这些音像制品的唯一经销商。根据双方达成的协议，这些音像制品的收益由我的公司和这家非营利性组织各分 50%。由于每套音像制品的售价为 500 美元，而我的公司生产了几百套，所以这份协议涉及很大一笔资金。

达成口头协议后，我和这家非营利性组织的高管们握了手。这些高管说，他们会让自己的法律部门送一份合同给我。我等了又等。过了好几个星期，在追问了无数次“合同在哪儿”之后，我终于收到了一份合同草案。这份合同有很多页，措辞盛气凌人。我花了好几个星期的时间和对方反复洽谈自己可以接受的条款。在这期间，这个有时效性的音像制品项目陷入停滞状态。每耽搁一天我就损失一天的钱。假如我在谈判结束时问对方一句，“如果没有异议，我让律师送来一份合同好吗？”我很可能拿出一份附属细则有利于自己的合同，并且很可能避免代价如此高昂的拖延。

我的公司和这家非营利性组织做的这个音像生意最后获得了成功。一年后，我提议和这个组织再做一笔生意。这次，当业务洽谈临近结束时，我问道："如果没有异议，我让律师送来一份合同好吗？"这家非营利性组织同意了。因为协议初稿是由我的律师起草的，所以交易的附属细节对我有利得多。同样重要（或者更为重要）的是，我能够很快拿出一份合同草案，交给对方。我得到了一份更为满意的最终合同，并且非常及时地履行了合同。

## 如何应用

"如果没有异议，我让律师送来一份合同好吗"是个低风险的问题，它对促使谈判达成协议大有帮助。这个问题还可以加速最终合同的实施，而且很可能让最终合同中的附属细节保护你的利益，这些对你都大有裨益。

## 如何回答

你可以选择几种方式回答"如果没有异议，我让律师送来一份合同好吗"这个问题。第一种，如果你对谈判的结果不满意（或者只是想努力得到更优惠的交易），你可以把回答这个问题当作一个机会，让对方再次做出让步。既然你的谈判对手非常急于做成这笔交易，并且愿意支付额外的律师费，你也许会有机会赢得最后一两个让步。例如，你可以回答说："我认为我们还没有准备好呢。但是，如果你再降低 2 500 美元，我们可以答应。"当然，即便他们同意做出最后让步，你仍然可以坚持让自己的律师起草合同（如告诉对方公司条例有此要求）。

第二种，提出让你自己的律师起草合同。你甚至可能再让对方做出一个让步。例如，你可以回答说："这样吧，我的律师的聘用定金是固定的。让我的律师起草合同可以让你节省 2 000 美元的律师费。你再给我降 1 000 美元，即我们平分省下的律师费，怎么样？"

第三种，拿公司条例做挡箭牌。这是一个非常常见的回答。例如，你可以回答说："对不起，我们敲定合同，准备起草书面合同时，我们必须使用标准合同。公司的条例有这样的要求。”

第四种，简单地说：“行。”如果你对交易感到满意，希望达成交易，对合同措辞不担心，而且愿意节省律师费，那么这是最佳回答。正如在多数谈判中一样，最佳回复完全取决于当时的具体情况和你的目标。

# 42 我们能在×××时把事情定下来吗

很多年前，我与一位销售员洽谈一笔交易额为6位数的生意。谈判进行了一段时间后，我仍然没有取得多大优势。后来，我接到了这位销售员打来的电话。他在电话中提出了一个欠考虑的请求“我们有没有办法在本月底前把事情敲定下来呢？”我茅塞顿开。显然，这位销售员的佣金和总销售额（定额）在当月月底计算。我决定利用这一点，将自己的优势最大化。我回答说：“我们接下来的两天（28日和29日）脱不开身。我们能确定一个时间，就是30日即星期三把事情定下来。”30日洽谈时，我坚持自己的要价不退让。谈判的进展对我非常有利，这位销售员在几乎所有需要谈判的地方都做出了让步。更为重要的是，我学会了一个新的谈判技巧。多年以来，我一直都在成功地运用这个谈判技巧。

一般来说，我经常尽量安排在月末、季度末或年末和特约销售人员敲定谈判或进行最终谈判。有一个简便的方法可以让你做到这点——你可以通过向对方提出“我们能在×××时把事情定下来吗”这个问题，把你的最终谈判会议安排在月底、季度末或年末。我发现，当销售员面临一个决定他们是否能够完成定额或能在下个月拿回家里多少钱的最后期限时，他们谈判的态度会更灵活。

使用“我们能在×××时把事情定下来吗”这个问题也具有显而易见的

局限性。除非月末交易额确实对和你接洽的销售员很重要，否则这个谈判技巧对你可能没有什么作用。在个人对个人的特卖会上购买一辆二手汽车时使用这个问题就不合时宜。

使用“我们能在×××时把事情定下来吗”这个问题的最佳时间是谈判已经进行了一段时间，双方处于僵持状态时。在这种状况下，销售员可能明白，要达成协议自己需要做出让步。当他面临月末的最后期限而这个期限对他本人及家人有负面影响时，他最有可能做出这些让步。这个问题中所暗含的信息是，你希望达成交易。这个信息会鼓励他尽量满足你的要求。

这个问题的另一个局限性是，如果你需要尽快达成交易，那么这个问题将很棘手。如果你的企业因需要更新一个关键设备而无法运营，你每天都在损失利润，这时使用这个技巧来拖延交易就不明智了。显然，当你不急于购买时提出“我们能在×××时把事情定下来吗”这个问题最为明智。

如果你能不动声色地提出“我们能在×××时把事情定下来吗”这个问题，它起到的效果最好。你永远不要公开把销售员逼到在月末不得不达成交易的地步。如果你这么做了，别人会觉得你是故意的，而这个问题很可能让你适得其反。

在和一位专业销售人员洽谈一宗买卖时，你应该常用“我们能在×××时把事情定下来吗”这个问题。在这种情况下，只要你可以拖延这笔买卖，而且不把自己的真实意图暴露出来，提出这个问题就没有多少风险。提出这个问题经常会得到好结果。它风险低、效果好，是个应该经常使用的问题。

有一种情况你必须使用“我们能在×××时把事情定下来吗”这个问题——销售员明确地提出要在月末、季度末或年末达成交易。我发现，这种情况经常发生，次数之多会超出你的想象。这种言语漏洞非常有价值。它会让你得知，这位销售员必须在要求的日期之前完成交易。例如，我收到了一位销售员发来的电子邮件。我正在与这位销售员洽谈一笔数额为 5 位数的生意。电子邮件的一部分内容是这样写的：“如果我们能够以任何方式在本月底前签订这份合同，我将不胜感激。”在这种情况下，把最终谈判日期定在最后期限之前会大有裨益。要想抓住对方言语中类似的漏洞，你需要具有良好的倾听技巧。不过有时候，事情也有例外。

## 如何应用

**有关谈判的一个重要实践经验是最后期限成就生意。**在与特约销售员谈判时，我了解到，月末、季度末或年末可能是重要的最后期限。你可以利用这个最后期限来增加你的谈判筹码。让这个最后期限为你所用的一个简单方法是，提出一个最后谈判日期，在月末、季度末或年末的最后一天达成交易。如果你用一种含蓄的方式做到这点，“我们能在×××时把事情定下来吗”这个问题就能让你做成一笔好交易，而且风险很低。如果这位销售员无意中透露或提出要求在月底达成交易，那么这个问题会特别有效。

## 如何回答

如何回答“我们能在×××时把事情定下来吗”这个问题要看你是不是一个特约销售员，或者是否面临另一种方式的、未明说的内部月末最后期限。如果你没有这种最后期限，并且想避免显得过于渴望达成交易，你的回答可以很简单，可以说：“听上去不错。你认为30日上午9点钟怎么样呢？”如果你面临一个内定的最后期限，你的最佳答复是拿起电话且马上把事情定下来。

# 43 你接受我的提案吗

作为律师，本书的两位作者从最初的培训中学到，与提什么问题相比，怎样提问题同样重要，或者更为重要。如果你想让你正在质证的一个人给出你想要的答复，你要提出一个封闭式问题，不要在质证过程中使用开放式问题。这是因为，你无法掌控自己会收到什么样的答复。

“你接受我的提案吗”是一个温和且不失礼貌的问题，却可以促使对方不经过谈判就接受你提出的条件。事实上，你提出这个问题就是含蓄地请对方直接回答“接受”或“不接受”，而没有任何讨价还价的余地。所以，这个问题的目的就是要避免所有谈判。即使对方给出的回答是不接受这个提案，为了不让自己陷入困境，你还可以说“要么接受，要么结束”，你是选择考虑做出让步，还是选择明白地告诉对方“要么接受，要么结束”，主动权掌握在你自己手中。

不妨在关于怎样提问题方面多说几句。例如，你在谈判中向对方提出“你觉得我的提议怎么样呢”这个问题，尽管从表面上看，这么问和问“你接受我的提案吗”这个问题极其相似，但实际上并不一样。“你接受我的提案吗”是个封闭式问题，你只允许对方回答“接受”或“不接受”，而“你觉得我的提议怎么样呢”则是一个开放性问题，你在让对方做出一个开放性的答复，如提出批评和抱怨，要求让步，提出问题等。**“你觉得我的提议怎么样呢”这个问题中隐含着你的提案可以变通，可以调整，所以会让对方感觉你谈判的底气不足。**

在谈判中没有人愿意听对方说“要么接受，要么结束”。首先，一般情况下，听到这些话就意味着你不能再得到更多让步了。其次，这句话本身暗示说，对方对你要说什么根本不感兴趣，所以它极具冒犯性。而“你接受我的提案吗”则要温和得多，所以也是一种更为有效的方式，让你的谈判对手同意不做修改而直接接受你提出的条件。这个问题的精彩之处在于，你的谈判对手只能回答“接受”或“不接受”，所以尽管表面上看它顾及了对方的愿望与关切，但实际上它并没有。

如果你在谈判中处于绝对优势地位，确实能够采用“要么接受，要么拉倒”的战略，那么提出“你接受我的提案吗”会特别有效。在这种情况下，要成功地运用这个谈判问题，其关键在于，你要让自己处于一个坚如磐石的优势谈判地位。通过开拓自己的备选方案和收集信息，你就可以做到这一点。当你判定自己的谈判对手没有什么备选方案、时间紧迫或急于达成交易时，你同样处于一个优势谈判地位。

如果你愿意尝试不让谈判过于冗长而乏味，让对方清楚表明对你的初步提案的态度，你可以问对方“你接受我的提案吗”。在这种情况下，这个问题的好处有两点。第一点，尽管你在谈判中可能并不具备卓越的谈判力，那么通过提出如此自信的问题，你会让自己看上去具有强大的谈判力。第二点，这个问题的措辞会促使你的谈判对手果断地说出“接受”——这个答复会让你如愿以偿。

“你接受我的提案吗”这个问题的最后一个优点是，它是一个低风险问题。在使用类似于“你接受我的提案吗”之类的问题前，你一定要考虑好这个问题有什么风险。也就是说，你应该考虑，如果自己得到的回答是“不接受”（结束），或者对方做出了一个反提案，你该怎么应答呢？老练的谈判者会做好应对对方说“不接受”的准备——直截了当地说“要么接受，要么结束”或问对方“你对什么地方有异议呢”，并以此来和对方交换意见。正如你从上面所看到的一样，向对方提出“你接受我的提案吗”这个问题的一大优点是，与简单地说一句“要么接受，要么结束”相比，它让你更具灵活性，所面临的风险也更小。另外，因为这个问题措辞温和，甚至听上去显得顾及谈判对手的利益，所以它不会冒犯对方。

在实例中，“你接受我的提案吗”这个问题的作用在谈判中发挥到了极致。我的公司的一部分业务是进行咨询与培训。我把公司的目标客户群体定位在一个相对的小众市场上，如培训专家证人如何更有效地做证，教专家证人如何增加实践经验，以及进行谈判咨询等。在培训和咨询的小众市场里，竞争小而且没有习惯性定价。正因为如此，每次在被聘用进行培训或咨询前，我都会花很多时间进行谈判，却常常无果而终。如果把太多的时间用在谈判上，我们赚钱的时间就会所剩无几。所以，我经常把“你接受我的提案吗”这个问题当作一种谈判方式，一方面显示自己的谈判力，另一方面让对方接受自己的收费模式。

## 实例

我关于普通培训的一次谈判对话大致如下。

**潜在客户**：你好！我是一家《财富》500 强公司的培训经理，想请你在 8 月 15 日到新奥尔良来，就如何进行更为有效的做证为我们的 100 名咨询师进行培训。

**作者**：你是怎么知道我们的？

**潜在客户**：我们有两位咨询师听过你们的课，对你们的课程赞不绝口。

**作者**：你们的咨询师收费多少呢？

**潜在客户**：每小时 450～650 美元。

**作者**：我们的要价是 1.5 万美元。这是全包费用，包括培训手册和我们的旅行费。你接受我的提案吗？

**潜在客户**：哎呀！你们能再便宜些吗？

**作者**：在做这种培训的人中，我们最有经验且培训的效果最好。如果你想要的话，我可以向你提供很多封推荐信。要进行极其真实的模拟质证，我们必须阅读和修改你们员工提交的数千页的文件材料。我们尽己所能，提供优异效果，价格是 1.5 万美元。

**潜在客户**：让我和我的主管领导沟通一下。

两周后，对方打来电话，以 1.5 万美元的价格聘请我做培训。我向对方提出“你接受我的提案吗”这个问题增加了自身的谈判筹码，不给对方讨价还价的余地，并促使客户接受我的提案。这个问题还可以使谈判速战速决，极大地降低了把时间浪费在没完没了的价格谈判上的风险。

进一步分析一下实例。首先，着重于议价能力。请注意，我提出这个问题的方式是为了增强自己的议价能力。我被强力推荐了，这也正是我希望得到的答复。客户们找到我的公司的最常见的回答是通过一些肯定我的公司的口头宣传而知的。这也是我为什么问对方是怎样知道自己的一个原因。为了增加自己的筹码，我还问对方，他们的咨询师收取多少费用。了解了对方是一个盈利丰厚的业务部门。他们按小时计费，每年的收入高达数千万美元。这明显表明，我要这么多钱是因为自己的服务值这么多钱，而且对方具有这个支付能力。

其次，着重于在恰当的时候使用“你接受我的提案吗”这个温和的、有礼貌的且很专业的问题。我在提出提案时说：“我们的要价是 1.5 万美元，这是全包费用，包括培训手册和我们的旅行费。你接受我的提案吗？”不言而喻，这比说“我们的要价是 1.5 万美元，这是全包费用。要么接受，要么结束”更温和，风险更小也更专业。假如我对对方说“要么接受，要么结束”，潜在客户会感到受到了冒犯，他们很可能无论如何都不想和我们做任何生意了。

最后，着重看看“你接受我的提案吗”这个问题留有的谈判余地，以及它怎样使我处于有利地位，没有让我因为一个绝对不能改变的要求而把自己置于困境。例如，这位潜在客户回复说，他们想安排作者每年给他们做一次培训，但价格上要优惠一些。我当然对长期合作非常感兴趣。因此，“你接受我的提案吗”这个问题的灵活性让我处于一个优势位置，进而能够抓住机会。以下为谈判的具体谈话。

**作者：** 我们的要价是 1.5 万美元。这是全包费用，包括培训手册和我们的旅行费。你接受我的提案吗？

**潜在客户：** 如果我们想和你进行多年合作，让你给我们每年做一次培训，你觉得怎么样呢？你价格上有多少灵活性呢？

**作者：** 每年一次，至少做 3 年培训，我们可以每年收 1.25 万美元。

**潜在客户：** 成交。

## 如何应用

“你接受我的提案吗”是个精心设计的问题，使用这个问题的原因很多。第一，它礼貌且专业，所以没有风险。第二，它促使对方不再继续谈判就接受你的提案，并且阻止对方提出反提案。第三，它传递出一个非常有用的信息：你相信自己有议价能力。第四，它给你留有足够的余地以防你的谈判对手给你否定的回答或拿出他们自己的反提案。

## 如何回答

回答“你接受我的提案吗”这个问题的第一种方式是，简单地说声 “不”。这个答复所传递出的信息是，你相信自己的谈判优势。这也许会让对方询问，你觉得这个提案中有什么不足之处。你直截了当地回复，会让对方感受到你的坚定与自信。当然，你这么回答的风险是，对方可能立即一走了之。

第二种方式是，“对不起，我们还没有仔细看你的提案呢。我们正在与很多卖家洽谈，我们会在对所有提案进行评估后再和你联系”。这样的回答很给力。它表明，你并不急于做出交易，而是正在积极寻求备选方案。

第三种方式是，在你的回复中表明自己的谈判立场，给自己留出一些谈判空间。你不要直接回答对方提出的“你接受我的提案吗”这个问题。相反，你实际上在回答“你觉得我的提议怎么样呢”这个更为宽泛的问题。不直接回答对方提出的问题，政客们深谙此道。如果有人提出的问题对自己不利，政客们就会回答自己愿意被问及的问题。最重要的是，这种避而不答是可以接受的，记者们对此几乎也从不计较。在谈判中，你很可能也会被对方催促。所以，你可以做出类似于“这是我的想法。我们主要关心七个方面。第一，你的价格太高……”之类的回答。

# 第10章

# 施压战略

恐惧、贪婪、奉承及不确定性都可以在谈判中为你所用，增加你的谈判筹码。本章中的问题就是要帮助你明显或隐秘地向对方施加压力，以达到自己的谈判目的。

# 44 为了这个提案，你投入了多少精力和资金呢

如果你的谈判对手显然为达成交易付出了很多心血，那么“为了这个提案，你投入了多少精力和资金呢”将是向对方提出的一个不错的问题。你的谈判对手花费的时间、精力、努力、费用和情感越多，他们在谈判协议上的投入就越多。这就能增加你在谈判中的筹码。在谈判（通常在双方僵持不下时）过程中提出这个问题能够揭示以下几点：

- 你的谈判对手确实投入了很多，不愿意空手而归。
- 如果他们确实走人，他们投入的精力和资金就都会付之东流，他们将不得不为自己辩解并向同事及上级做出解释。
- 你的谈判对手很可能进行一次成本效益分析以便弄清楚哪个更合算——签不成协议空手而归，还是为了达成一个谈判协议再做出一些让步。
- 作为谈判的另一方，你投入不高，准备立即走人。
- 你看上去为自己的谈判对手明显地浪费精力和资金感到难过——这传递出一个隐含的信息：你的谈判对手将使谈判失败。

当谈判对手为了达成交易而投入许多时，你提出这个问题的效果会不同凡响。你不妨思考一下我亲身经历的几个实例。

## 实例 1

几年前，受一位当事人委托，我就一份长期的大宗出版合同与一家大型跨国科技出版公司进行谈判。这家公司派出了 5 个人参与谈判，增加了紧张气氛。这 5 个人是：

- 他们的首席交易官
- 一位介绍提案技术内容的信息技术专员
- 提案起草人（从德国乘飞机前来回答技术问题）
- 一位负责大量演示文稿展示的销售主管
- 一位影星负责为活动挂图翻页

我很清楚，这家公司准备所有这些材料，让这些人从美国各地及欧洲的不同城市飞到这里所花费的时间和现金费用在 5 万～10 万美元，甚至更高。正因为如此，我觉得自己能够得到比他们摆放在桌面上的提案更好的交易。当双方僵持不下、我想让他们做出更大让步时，我直接说道：

“太遗憾了，你们也许不得不空着手回家了。为了这个提案，你们投入了多少精力和资金呢？”

他们以下的回答使我受到了启发，并且为接下来的谈判设定了基调：

“事实上，我们花费了很多资金和时间。我们非常想达成协议。”

这家公司的谈判团队很快意识到，自己做出了一大笔投资，但是如果我坚持不让步，他们就只能离开谈判桌空手走人。我提出这个简单的问题，意在彬彬有礼地提醒他们，我在这场谈判中占有优势，他们应该让自己的提案更具吸引力，这样他们才不会有让之前的努力付之东流的风险。事实上，在经过进一步协商后，他们提供给我的条件更加优厚。

## 实例 2

我和一家软件开发公司谈判，请对方为将要上市的一款软件编写程序。

这款软件是要利用我的公司的专有知识帮助专家证人起草更好的书面报告。这家软件开发公司的首席执行官和首席运营官到我的办公室推销他们的服务。在几个星期的时间里，我和这家公司密切合作，商定自己需要制作的软件的具体细节。在谈判过程中，他们邀请我到他们所属的一家高档私人俱乐部吃午餐。

最后，在经过双方的多次洽谈及软件开发工程师的辛勤劳动后，他们用电子邮件发来了一份详细提案。令人遗憾的是，对方的要价超出我的心理价位3倍。我觉得另一位软件开发商能够接受我的价位，但和我洽谈的这位软件开发商的质量信誉高，所以我还是想把这个活儿交给他们做。

正是在这个时候，我使用了这个“投入”问题。我和对方的首席执行官进行了一次会谈，向对方道了歉，并告诉他说，自己支付不起他们的服务费用。我恭维了他们所做的工作并表示非常感动，然后提出“你在这上面投入了多少时间呢”。这位垂头丧气的首席执行官脱口而出：“很多，而我像浪费了很多时间和金钱。”他的语气中带着疲惫。我再次向他们道歉，并祝他们好运。

两天之后，这位首席执行官打来电话，提出了一个新提案。这个提案与我要求的价位相符，是他们原来想收取费用的33%。我提出这个简单问题的收益还不错吧。

## 如何应用

如果你想促使已经进行了大量投入的人给你更多的优惠，那么“为了这个提案，你投入了多少精力和资金呢”就是向对方提出的一个卓越问题。如果对方向你透露或暗示说，自己为了达成交易而付出了很多，你也别不好意思向他提出这个问题。

## 如何回答

提出“为了这个提案，你投入了多少精力和资金呢”这个问题的关键在于让你考虑（并让你发疯）如果交易不成你会有什么损失。由此可见，回答这个问题的好方法是不上对方的当。不要显得为自己目前所付出的努力感到心烦。要扭转局面，你可以有礼貌地转移对方的注意力，让他们考虑一下，如果达不成交易，他们会有什么损失。例如，你可以回答说：“我们把最好的东西给我们的客户。我们知道，除非我们能够早日达成协议，否则你就会占用（节省或损失）很多钱。所以，我们很乐意抓紧时间把我们的最佳提案给你。”

# 45 假如达不成协议，你会怎么做

“假如达不成协议，你会怎么做”这个问题的一个优点是，在任何情况下它都在暗示，你不急于达成协议。如果你让出现僵局或最终达不成协议的可能性变得更大，那么从逻辑上讲，你的谈判对手可能认为你不需要做这笔交易，需要更多的诱惑力才会达成协议。当然，这个诱惑力就是更好的报价和更大的让步。

如果你想知道谈判对手是否拥有和你达成协议的其他可行的备选方案，这是个不错的问题。如果他们确实提出了可行的备选方案，你就处于一个更知情的谈判位置，能够决定如何在下面的谈判中让自己获得优势。

反过来说，如果你的谈判对手没有备选方案，这个问题的表达方式（“你会怎么做？”）可以产生非常好的效果。其理由有以下几点。首先，让你的谈判对手承认，如果谈不成生意，不愉快的事情就会降临在他身上，这将提升你在谈判中的优势。其次，即便不发生这种情况（通常不会发生），提出这个问题的理念就是让你的谈判对手考虑这个问题：达不成交易会对他本人有什么不良后果。这是上级派他来完成的任务，他却没有完成。没有人愿意觉得（或让他人觉得）自己没有能力完成任务或没有完成任务。没有人愿意令人失望。所以，这个问题的作用就是提醒你的谈判对手，不能和你达成协议就会给他本人造成负面影响，所以即便对方没有对这个问题做出任何回答，你所提问题的预期效果也达到了。以下有一些实例供你参考。

## 实例 1

我的公司有一项业务是举办研讨班和会议，而这些研讨班和会议通常都在饭店举行。几年以前，我想把一次年度会议换一家饭店举行，并和这家饭店进行了谈判。与我洽谈的这位销售经理归饭店的总经理（董事长）直接领导。谈判在价格问题上僵持不下。于是，我就问这位销售经理："如果达不成协议，你会怎么做呢？"这是个不错的问题，它表明，我并不急于和他们达成交易（我还提到，自己也在和他们的竞争对手洽谈）。这个问题让我可能得到的答复是，她无论如何都需要这笔交易；或者它至少给她施加了心理压力，让她避免失去这笔交易，避免不得不向自己的顶头上司——总经理报告自己的失败。

我收到的答复是，这家饭店正在和某医学协会洽谈，让他们在我提出的时间里使用饭店举办他们的年会。我利用了这个信息，把谈判转向了有利于自己的方向。我指出，这家医学会要满足其会员的要求，就必须每年换个城市，而我则计划每年都到这家饭店开年会。因此，我才是更有价值的潜在客户，并应该得到最优惠的价位。这个理由发挥了作用，对方同意了我的报价。正是因为我提出了"如果达不成交易，你会怎么做"这个问题，才使谈判得以继续下去。如果我没有提出这个问题，这位销售经理就会和远不及我有价值的医学会做交易。在谈判过程中，在恰当的时间问对问题的力量与作用永远都不能低估。

## 实例 2

2008 年，雅虎的杨致远与微软的史蒂夫·鲍尔默就雅虎的收购问题进行谈判。杨致远拒绝了对方 450.7 万美元的收购价。达不成协议可能给雅虎的股东带来高达 200 万美元的损失。杨致远试图把谈判破裂的责任推给微软一方，但雅虎的股东认为他难辞其咎。在谈判破裂后不久，杨致远辞去了雅虎首席执行官之职。假如鲍尔默提出"如果达不成协议，你会怎么做"这个问题，也许会让杨致远再慎重地考虑自己拒绝以高价出售公司这一决定。

如果你的谈判对手必须回去向自己的老板、委员会或配偶交差，那么"如果达不成协议，你会怎么做"就是你问对方的一个极好的问题。通过增加对方对失败的恐惧感，你就会让对方做出更大让步。我已经成功地在与不同人谈判时使用过这个问题，其中包括保险理算员、企业对企业销售代理及汽车经销商等。

## 如何应用

"假如达不成协议，你会怎么做"是个非常有效的问题。这是因为，它表明你不急于达成协议。这个问题使谈判得以继续进行，也许还会让你的谈判对手坦露真情，因为它利用对方想成功、不想失败的心理给对方增加稍许心理压力。

## 如何回答

如同多数"心理战术"问题一样，回答"如果达不成协议，你会怎么做"这个问题的关键是，不要上对方的当。这个问题的优点是，它是一个开放性问题。一个好的回复是透露让自己显得处于谈判优势地位的信息。例如，对于房屋中介你可以回答说："城里有几座房子，跟我们现在所看的房子类似。我们也许会买一块地，在上面建造我们想要的房子。再说，房地产市场疲软，房价和租金都在下降，所以我们也可能继续租房子住。你的房子跟我们想要的相差很远。如果我们拿不到相应的价格，我们就暂不买房了。"这个参考答案不错，因为它积极回应了对方提出的问题，折射出你的谈判力，而且绝对不会让你钻进死胡同。

# 46 获得某奖项，你有何感想

生活中存在一个简单事实：人们普遍更倾向于跟自己喜欢的人做生意。他们也普遍更倾向于给自己喜欢的人做出让步。人们倾向于喜欢兴趣相投的人，或者对自己的背景和成就感兴趣的人。我发现，让你的谈判对手喜欢你的一个有效方式是，问他们一个问题。这个问题是赞扬他们的背景或经历，表现出你对他们所取得的成就感兴趣，或者让对方知道你与他兴趣相投。

让此技巧奏效的关键在于，尝试判定你的谈判对手的 X 因素。所谓 X 因素，指的是此人的做事动力。揭示一个人 X 因素的线索可能很多。你可以通过很多手段发现这些线索，如在因特网上寻找信息、倾听对方讲话、查看此人的简历或观察此人办公室墙上张贴的东西等。

一旦发现了谈判对手的 X 因素，你可以向对方提出一个或几个问题，与对方建立和谐融洽的关系。在谈判前建立这种关系，效果最好。运用这个技巧的另一个良机是社交或午休时间。在实例 1 和实例 2 中，我利用这个技巧赢得了谈判优势。

## 实例 1

我们正在与美国最大的一家科技组织洽谈一份合同。我们去了华盛顿特区，在导游的陪同下游览了特区，然后就开始谈判。这次谈判从一开始就进行得不顺利。我们在推销而对方却不买账。每次谈判只有一点小进展，这家组织为谈判设置了很多障碍，例如，他们为什么要与我们这样的小公司做生意？我们的公司够大吗？能做好这个项目吗？我们的公司人浮于事吗？每次谈判进展都不大，而且没有出现有利于我们的任何迹象。接近中午的时候，对方的首席谈判代表说："看在你们大老远到这里来的份儿上，我们至少可以请你们吃顿饭。"你即便愚钝，也能听出来对方的言外之意——只吃饭，不谈生意。

双方停下谈判，去吃午饭。我问了这位首席谈判代表一个问题："获得科林·鲍威尔颁发的自由勋章，你有何感想？"这是我进行了一些调研后才发现的信息。被问方听到这个问题后露出了笑容，滔滔不绝地讲述自己为此是多么自豪。这位首席谈判代表对颁奖仪式进行了详细描述。我说："你在做这个执行理事之前是多么重要的一位科学家。"事实上，这正是这位首席谈判代表感到最自豪的地方。这就是这位首席谈判代表的 X 因素。突然间，谈判的语气从"我们为什么要与你们做生意"变成了"我们怎样才能谈成这笔生意"，这可是个 180° 大转弯。

吃完午饭后，我们随同该公司谈判组回到了办公室并且迅速谈成了生意。如果我的头脑中没有"获得科林·鲍威尔颁发的自由勋章，你有何感想呢"这个问题，我就不可能带着一份协议走出这位首席谈判代表的办公室。通过这个问题，我不仅满足了对方的自尊心，还向对方展示了我们在调研和准备工作中所付出的辛勤劳动。

## 实例 2

很多年来，我一直努力与一家信誉卓越的大型组织建立业务联系。我会给对方寄信函和提案，运气好的时候会收到一个客气的"不行"。大多数情况下，我的信函和提案就像石沉大海一样，得不到任何回应。这家公司的联络人是个犹太人。一天，我的联络人跟他电话联系上了。对方先用印第安语进行试探。我的联络人用印第安语回答。然后，对方问道："你多久去一次以色列？"这句话证明，我们找到了一个 X 因素。而我的联络人非常积极地参与支持以色列的活动，她不仅为以色列募集资金，而且每年都在以色列军队做志愿者。连续几个月，双方都闲聊以色列、我的旅行、犹太传统和犹太家庭等。在过犹太人节日时，双方会互致节日问候。一旦建立这种纽带关系后，我们便提出与对方进行面谈，向这家组织的首席执行官介绍自己的能力，对方也提出了同样的要求。现在，对方的联络人成了我们坚定的盟友。双方不仅见了面，而且还在会面时达成了一笔互利双赢的长期生意。如果没有建立这种和谐融洽的关系，我们就根本不可能达成这笔交易。

这种建立纽带关系的谈判技巧也让对手从我们手里获得了不少筹码。自己当老板的一个好处是，可以只与自己喜欢的人做生意。与和你建立纽带关系的人做生意会让你有一种难以言表的快乐。这样，交易更有乐趣，满意感更强。你不能低估这种感觉的力量及它对谈判的影响力。

## 实例 3

最近，我雇用一位园艺师修剪一些树木。见面时，这位园艺师身穿沙漠色迷彩服，一头短发，不停地称呼作者为"长官"。"你参过军吗？"我问道。"是的。"对方回答。"你去的是伊拉克吗？"我问道。"是的。1991 年和 2003 年。"对方回答。"哪个部队？""82 空降师。"这位园艺师触及了我的 X 因素——我的父亲当过多年的兵，而我也向美国劳军联合组织及其他支持军队的组织捐款。这位园艺师干的活很漂亮，而且得到了远比谈定价格高得多的报酬。当我有其他活儿时，我就只找他了。这也就是说，即使触及一位老练的谈判者的 X 因素也会相当有效的。

## 实例 4

我最近和一位销售员就一笔数额为 5 位数的生意进行谈判。这位销售员从网上看到我的公司设立在科德角。在正式开始洽谈价钱之前，她问道："你住在科德角吗？"答案当然是"对"。然后，她接着解释自己多么喜欢科德角，自己的家人如何每年都在这个海角的某个地方租房子住。她的意图很明确：让作者喜欢她并与她建立纽带关系，这样作者就会愿意和她做生意。

## 如何应用

如果你和你的谈判对手建立一种纽带关系和融洽的私人关系，你就能得到更多、更好的生意。要做到这点，一个简单方式是向对方提出问题，赞扬他们的背景或经历，表现出你对他们所取得的成就感兴趣，或者让对方判定你与他兴趣相投。

## 如何回答

"获得某奖项，你有何感想"似乎是一个容易回答的问题。当然，对方提出这个问题的目的就是要讨好你，和你交朋友，让你丧失自己的客观性，而且也可能透露某种不利于自己的信息。回应这种手段的最佳方式是，做简短回答，并马上把焦点转向正在进行的谈判上。实际上，你的回答要客气，但要非常清楚地表明，你们正在谈生意。例如，你可以这样回答："那是个殊荣。谢谢你。现在，再问你一个有关生意上的问题……"

# 47 如果谈判失败，你会有什么损失

打破僵局并且让自己如愿以偿的一种有效的方式是，给你的谈判对手指出，如果不接受你的条件，他将不得不承担何种损失。做到这点的一种简便方式是，问对方“如果谈判失败，你会有什么损失”这个问题的潜台词是，你要慎重，如果做不成这笔交易，你可能有大麻烦。请注意，这个问题不同于第 45 问“假如达不成协议，你会怎么做”这个问题的关注点不在谈判本身所浪费的时间和金钱上，而在不达成协议所导致的更严重的直接后果上，即没能挽救本来可以挽救的经济损失。

导致证券市场价格剧烈震荡的情感因素有两个：一是恐惧，二是贪婪。恐惧也可以对谈判具有极强的影响力。“如果谈判失败，你会有什么损失”这个问题就是要发掘出你的谈判对手对失败或损失的恐惧。正如在证券市场一样，如果你能够成功地使你的谈判对手感到恐惧，你就能在他的阵地上自由驰骋。

对方可能对“如果谈判失败，你会有什么损失”这个问题做出两种回答。这两种回答对你都有利。第一种，你的谈判对手会忽略或回避你的问题，或尝试改变话题，举例如下。

**问方**：如果谈判失败，你会有什么损失？

**答方**：（忽略这个问题）我想问问你，你的时间段是什么？

如果你的谈判对手像上面所示的样子回避这个问题，那也挺好。因为通过提出这个问题，你就在谈判对手的头脑里种下了一颗对失败的焦虑和恐惧的种子。在谈判过程中，你还可以再向对方提出“如果谈判失败，你会有什么损失”这个问题。

第二种，近似于“你是什么意思”这种回答，会让你轻易地将恐惧灌输给自己的谈判对手。要想把“如果谈判失败，你会有什么损失”这个问题的效用发挥到极致，你需要大张旗鼓地告诉谈判对手，如果不和你达成一致就会有什么厄运、难堪降落在他身上，他们会失去什么机遇。这需要你提前做功课。在运用“如果谈判失败，你会有什么损失”这个问题前，你需要考虑好自己一旦有机会这么问对方你该拿出什么论据。

“如果谈判失败，你会有什么损失”适用于包括买和卖在内的几乎所有类型的谈判。当谈判陷入僵局或需要最后推一把你的谈判对手才会让他与你达成协议时，使用这个问题的效果最佳。只要你不在时机尚未成熟时提出这个问题，这个问题的风险就相当低。假如在谈判中你确实过早地使用了这个问题（在双方僵持不下之前使用了这个问题），那它就可能是一个高压工具，赶走谈判对手。

很多年来，我经常使用“如果谈判失败，你会有什么损失”这个问题，并取得了成功，以下有两个实例。

### 实例 1

不久之前，我接到了一位潜在客户打来的电话。这位潜在客户是一位专家证人，以前购买过我几本有关专家质证的书籍。他向我请教了几个有关专家证人实践的问题。他想增加实践经验并赚取更多的钱。从简短的对话中，我了解到，他在自己的专家证人实践中犯了极其严重的错误，而我的全国年会和有关专家做证的预备会议会对他大有裨益。双方之间的对话大致如下。

**客户**：会议开几天呢？

**作者**：4 天。

**客户**：费用是多少呢？

**作者**：单独的会议费是 2 000 美元。会议在芝加哥一家收费非常合理的饭店里举行。从机场到饭店有免费的机场巴士。这样，你整个会议费用大概是 3 000 美元，包括会议费、住宿费、餐费和机票费。

**客户**：哇，那太贵啦。

**作者**：你不是刚问过我：要成为一名更好的专家证人，自己该不该上法学院吗？你要是上法学院，学费加上不做专家证人的损失，你 3 年下来的付出不会低于 30 万美元。跟法学院不一样，我们的课程教的是实用内容，你可以现学现用。

**客户**（声音中带着焦躁不安）：你们的课程收费是每天 500 美元，太贵了。

**作者**：如果你不参加的话，你考虑过自己可能有什么损失吗？

**客户**：（声音中带着犹豫不决和紧张不安）：你是什么意思呢？

**作者**：专家质证是个“一着不慎全盘皆输”的行当。如果你犯了一个大错，整个业界都会风传，你就别想让人再用你了。如果不接受我们的培训，你可能很快就会犯这种大错。我基本上可以保证这一点。你刚才对我说过，你差点儿因为聘用你的律师拒绝帮助你做准备工作而在一次宣誓做证中捅了大娄子。我们会教给你一种十分简单的方法，让你避免出现上述问题。你还提到过你的质证费问题。你收取的质证费不够。我们会教给你怎样收取更多的质证费。这样，你既不用多付出劳动，也不会因为漫天要价而退出这行。我们教给你如何招揽更多生意并避免拼命劳累。总之，我们教给你的东西还不止这些呢。这是你的职业，你不该因小失大。

**客户**：我明白你的意思了。不参加你们的会议要付出的代价太高了，我付不起。请你把会议的时间再告诉我一遍，我标在日历上。

请注意，我在实例 1 中如何做好充分准备，用有力且难忘的言辞告诉对方，如果对方不接受我们的交易会有什么损失。要想使用“如果谈判失败，你会有什么损失”这个问题，你需要做好准备工作，能够一针见血地告诉对方，如果不接受你的交易，会有什么具体的、可怕的后果降临在对方身上。要是你做好了充分的准备工作，你也能像我一样经常取得同样显著的效果。

## 实例 2

最近，我正在为要举办的一个会议洽谈租一个场地。由于某种特殊的原因，我 6 个星期之后就要用这个场地。这在会展界被认为到了最后时刻。由于会议中心大概不想让场地空着，而且也不太可能在 6 个星期内让另一个团体租用这个场地，所以正如拖到最后时刻的很多事情一样，我看到了做成一笔好买卖的机会。

这家会议中心的正常定价是每人每天 94 美元。我告诉他们，自己只付 79 美元。他们提出了 85 美元。双方就僵持在这里了。又经过了 3 次洽谈，双方谁也不肯让步。为了以防万一，我有一个备选场地，所以就决定为了自己的出价而背水一战。大致的洽谈过程如下。

**作者**：85 美元是你们的最低要价吗？

**会议中心**：这对你们来说是超值价了。我们的会议中心是一流的。

**作者**：那太遗憾了。我们的预算最多 79 美元。

**会议中心**：是比较遗憾，出席你们会议的人会因为会场不在我们这么好的地方举办而感到失望的。

**作者**：如果谈判失败，你会有什么损失？

**会议中心**：没有什么损失。还有另一个团体想在星期六租用。

**作者**：好吧，我敢肯定，你考虑过我们的团体要租用两天。星期六和星期天会带来两倍的收益。在我们的洽谈中，你告诉过我们，你们的场地很大，能够同时容纳我们和另一个团体。要是能成交就太好了。我们上次在你们这个区域用过的那个场地，我们已经连续用了 3 年了。我们确实喜欢成为一个地方的常客。这次我们之所以没有继续租他们的场地是因为有人已经预订了。让我们吃惊的是，你不调整你们的要价，还要让场地闲置。实际上，你们让另一个团体在这么短的时间里考虑租用场地的机会为零，但如果把这个场地租给我们，我们愿意成为你们的常客。

**会议中心：**我在 1 小时内给你回电话。

大约 20 分钟后，我接到了这家会议中心打来的电话，同意了我的出价。他们完全让步，同意了我的条件。提出“如果谈判失败，你会有什么损失”这个问题打破了一个似乎难以打破的僵局，让我占尽了先机。

## 如何应用

打破僵局或做成一笔交易的一种有效方式是，问对方“如果谈判失败，你会有什么损失”这个问题将触及谈判对手对达不成交易的恐惧感。这个问题至少可以让谈判对手在自己的内心深处考虑一下谈判失败的问题。然而，在很多情况下，这个问题会成为一句强有力的开场白，让你把可能降临在谈判对手身上的一系列后果一股脑儿地传送给对方。对方一旦考虑这些潜在的不良后果，通常情况下，你就能够非常有效地让谈判对手放弃原先的立场。这个问题不宜用得过早，以免让对方认为你采取的是一种高压销售战术，反而会弄巧成拙。

## 如何回答

向对方提出“如果谈判失败，你会有什么损失”这个问题的目的就是要让对方显示出恐惧来。在谈判中，恐惧会转换成弱势，并进而导致有失水准的谈判结果。有效回应这个问题的关键在于，不要显示出一丝一毫的恐惧。

你的回答应该充满自信，而且如果可能，你还要向对方提供能够强化你的谈判地位的信息。例如，你可以回答说："我知道你喜欢提直率的问题，我给你一个直率的回答。我对你的问题的回答是，没有任何损失。我将找到一个不花费这么多的好方法，做成交易。"或者回答说："我们还有其他3个卖家排队等着呢，所以我对你的问题给出的答案是，没有任何损失。"你还可以回答说："这么说吧，没有你的服务，我们也取得了不小的成功，所以我们一切都好。对此我非常自信。"

回答这个问题的另一种方式是，要求对方确保他们给你的好处，以给对方有力的回击。实际上，通过这种回答方式，你是在戳穿对方的谎言。例如，你可以回答说："我听你说，如果我购买你的机器，我们的利润就会翻一番；如果不购买你的机器，我就会倒霉。我想你愿意把这点落实到纸上，并且确保我的双倍利润吧？"你得到这种保证的可能性不大。如果你得不到这样的保证，你至少避开了这个问题，并且通过表示怀疑而不是表露恐惧提高了你的谈判地位。

# 48 听你说完，我为什么还要与你谈判

“听完你说，我为什么还要与你谈判”是个情景性问题，它只用在极其罕见的情景下：在谈判最激烈的时候，你的谈判对手说了完全不合时宜的话或做了不好的评论。对方所说的话可能涉及性别歧视、种族歧视、民族歧视或涉及你的性趋向和相貌等。向对方提出“听完你说，我为什么还要与你谈判”这个问题的目的就是要让你的谈判对手牢记，他说了不该说的话，并让他为此付出代价。

如果运用恰当，“听完你说，我为什么还要与你谈判”这个问题能够对谈判产生直接而显著的作用。一旦你提出这个问题，你的谈判对手马上会意识到他犯了一个严重错误。这个错误会对他的职业和名声产生严重且长期的影响。你的谈判对手会不惜一切代价地解决这个问题，弥补这个损失，挽回自己的名声。

这个问题的潜台词是，对方犯了一个严重错误，如果他不改正错误，那么他将为此付出代价。你的谈判对手如果想到了这一点，他将无一例外地向你道歉，并且说自己不是故意的。更为重要的是，他很可能竭尽全力改正这个错误，不让你把事情张扬出去。

如果你受到了这种侮辱，建议你不要公开威胁要揭露你的谈判对手。威胁对方虽然会让你感觉好受一些，但如果你想又快又好地达成交易，采用这

种方法则无法达到你的预期目的。而且，因为你的谈判对手很明白，自己的失态会给个人及职业带来怎样的潜在后果，所以你也不必这样做。采取积极的行动，接受对方诚挚的歉意，并且马上把话题转回到谈判上，这才是处理这种状况的最有效方式。这时，你的谈判对手会非常小心地说话。更为重要的是，他可能非常乐意讨好你，以你满意的方式完成谈判，并且把大事化小，小事化了。

在谈判中时而会出现令人遗憾的状况，作者就会向对方提出这个问题，并获得成功。

## 实例 1

很多年前，我正在与一家大型公司的代表谈生意。在谈判中，跟我谈判的代表抱怨谈判过程长且我要的价格太高。在谈判达到最激烈的时候，他问我："我要用多长时间可以杀价？"

他的话一出口，我就紧张了起来。他的这个问句中的"杀价"一词的英文是"Jew down"，是个贬义词。我深吸了一口气，直视着他的眼睛问道："在你说过这样的话后，我为什么还要继续与你谈判？"他在听到我这个问题的瞬间就像见到了鬼一样。他意识到了他及他的老板可能有多大麻烦，所以马上就为自己的言论道了歉。我接受了他的道歉，并且同意继续谈判。他此时变得非常和蔼可亲，并且急于讨好人。不用说，达成的协议对我极其有利。

## 实例 2

很多年前，我和妻子一起去买新车。我们走进展厅，销售员向我们问好。可这是销售员最后一次与我的妻子交流。每次我的妻子问他问题时，他都会对着我回答问题，而不是对着我们两个人。他问了我几个问题，如想要什么车，却从未问我的妻子。显然，他认为我是拿主意的人。我可以看出来，妻子要发脾气了。

我们到销售员的办公室准备谈价格问题。他问我想要什么价位的车。我深吸了一口气，直视着他的眼睛回答说："我想要你对我的妻子尊重一点儿。你一直都对她视而不见，只跟我说话。我们为什么还要继续跟你谈买卖？"

这个销售员的脸都白了，你真想象不出他脸上的表情。他诚恳地道了歉。在这个小插曲之后，双方继续谈论汽车的事情。我拿到了一个非常优惠的价格，得到了极其积极、周全的服务。

看完以上两个实例，你就会发现自己在谈判中遭遇不当行为时应该怎么做。一种方式是，警告冒犯你的人并离开谈判桌。这种方法的问题是，你无法得到自己想要的生意，所以它没有成效。另一种方式是，建议你让对方牢记自己的不当行为，并以此为谈判筹码让对方做出更大让步。

## 如何应用

有时候，你的谈判对手会说出颇具侮辱性的或不恰当的言论。在这种情况下，向对方提出"听完你说，我为什么还要与你谈判"这个问题能够让你在谈判中赢得很大筹码。提出这个问题后，一般会马上得到对方的道歉。更为重要的是，你的谈判对手可能变得极为通融，并且愿意尽一切可能让你高兴，不把所发生的事情声张出去。

## 如何回答

"听完你说，我为什么还要与你谈判"是个棘手问题，应对这个问题的最佳方法是，永远不要说不恰当的话，不给对方提这个问题的机会。如果你确实说了带有性别歧视、种族歧视、民族歧视或性趋向的话，你就处于一个对自己非常不利的处境。在这种情况下，你最好的回应就是向对方诚心诚意地道歉，并希望对方不把这事告诉别人。当然，你还要记住教训，并确保自己在将来不重复犯同样的错误。

# 49 它对我有什么好处

在谈判中，“它对我有什么好处”这个直截了当的问题非常有效，它通常会让被问方措手不及。一个措手不及的人更有可能透露有价值的信息。对方对这个问题的本能反应是开始“兜售”自己的项目或理念。通常，对方会接着向你介绍自己的项目给你带来的经济利益和其他利益。

“它对我有什么好处”这个问题还暗示着，提出这个问题的人缺乏达成协议的积极性。这增加了提出问题的人在谈判中的优势，并使回答问题的人处于劣势。其结果是，你的谈判对手在情急之下把他起初并没有计划提供的好处奉送给你。

首先，“它对我有什么好处”这个问题暗含的意思是，除非有非常优厚的理由，否则提问题的人是不会承担这个项目的。对很多人来说，只提出这个问题就是向谈判的正确方向迈出了重要的一步。其次，这个问题还一针见血地挑明，除非成本效益分析表明达成交易是可行的，否则提问题的人是不倾向于承担这个项目的。**如果你遭到了“伏击”——有人突然给你打电话，在你毫无准备的情况下开始与其谈判，那么这就是向对方提出的一个不错的问题。**

一个伏击式谈判使你措手不及，让你没有时间考虑，所以对你不利。除此之外，伏击你的人能够通过你的即时反应，迅速判断出你想达成交易的兴奋程度。你同意做交易的速度越快，他要征得你的同意而需要提供的报酬和好处就越少。如果你遇到了意料之外的谈判或突击的提案，向对方提出“它对我有什么好处”这个问题就能立刻做出反击，让对方直接让步，并有助于你赢得谈判筹码。

“它对我有什么好处”这个问题有非常大的心理作用。这个问题提醒你的谈判对手，除非有足够的理由让你达成交易，否则你很可能客气地回绝他。这个问题还迫使回答问题的人说出有关项目的细节。而推销此项目的人如果是一位有经验的谈判者，他可能有意地、轻而易举地掩盖这些细节。此外，“它对我有什么好处”将给提问题的人一个思考的机会，而且在听完对方的回答后有说“不”的机会。

很多年前，一家大型的私人企业找我洽谈，要收购我的公司。我对此感到荣幸且非常兴奋并与准买家洽谈了保密协议，对外公开了一些信息并进行了无数次会谈。总而言之，我在此事上花费了大量时间。整个谈判过程牵扯了我很大精力，而我本来可以把这么多时间用在经营自己的业务上的。最终，我收到了一份收购意向书。根据这份意向书，我将要放弃自己公司的管理权和所有权，作为交换，我将得到这家大型企业的非流通股份。事实上，他们在请我为他们投资！我当然拒绝了这份不利于自己的意向书，但已经因为整个谈判过程的牵制而损失了大量的时间和金钱。

我从这次教训中汲取了经验。现在，只要有人找上门来，让我出售自己的公司（因为我没有挂牌销售自己的企业，所以每次都比较突然），我首先问对方自己能从中得到什么好处（现金或其他好处）。这个简单的方法为我节省了大量的时间，从而也节省了几十万美元。

下面用实例说明我如何运用这个问题来节省时间、集中精力并抓住更好的商机。

## 实例 1

我们两位作者还是颇有成就的演说家，所以总有人请我们去各地举办的专业协会会议上做演讲。令人遗憾的是，对于这些演说，很多组织只是象征性地付费或根本不付费。因为我们的声望加上做演讲需要旅行所用的时间都需要对方给予我们丰厚的报酬，所以，当有人请我们做演讲时，我们就无一例外地问对方："我们能从中得到什么好处？"提出这个问题就能迅速而有效地区分出报酬丰厚和报酬微薄的报价，而且往往清楚地表明我们不十分热衷于此，所以会促使对方提出更高的报价。

当你想买东西时，向对方提出类似的问题是一个不错的主意。提出这样的问题可以让你有时间进行思考，显示出你并不急于要买这个东西，并且迫使卖家拿出诱人的理由，你才会把自己辛苦挣来的钱掏出来。

## 实例 2

几年前，我和我的妻子南希试驾了一款豪华汽车，但仍未拿定主意是买一款豪华的厢式轿车，还是买档次稍微低一些的车。我们问销售员："我们为什么要多花钱买这辆汽车而不买档次稍微低一些的车？它对我们有什么好处呢？"销售员的回答既傲慢又无知，让人感到震惊："这款车是有身份的人开的，我不卖那款档次低的车。"这种回答马上让我们感到很失望，让我们意识到应该避免跟这种人打交道。我们最终从其他经销商那购买了这款豪华汽车。后面这个经销商能够清楚而有礼貌地说出这款车的价值，让我们感到物有所值。

## 如何应用

"它对我有什么好处"这个问题能够而且也将节省你的时间和金钱。每当有人让你做某事或购买某物时，你不妨考虑使用这个问题。这个问题可以迅速而有效地区分丰厚的报价与微薄的报价，传递出你对此并不太感兴趣的信息，并且有助于鼓励回答问题的人拿出更优厚的报价。

## 如何回答

谈判的成功与否常取决于你是否做好了充分的准备。要想让“它对我有什么好处”这个问题的答案最为有效，你需要提前准备好，用有力且易懂的措辞说出你的提案的优点。例如，你可以回答说：“你可以低价得到双倍的……”拥有一份提前准备好的理由清单会让你圆满而自信地回答这个问题。

# 50 你还知道（影响协议或长期关系的）其他事项吗

很多时候，你在谈判中得到的最有利的结果是：不达成任何协议。当你和自己不了解的或不可靠的一方就一个潜在的长期生意关系进行谈判时，这句话就再正确不过了。一般来说，跟你不信任的一方洽谈长期生意不是一个好主意。向对方提出“你还知道（影响协议或长期关系的）其他事项吗？”这个问题就能让你有机会观察你的谈判对手的回答方式。任何不诚实或推诿的迹象都应该引起你的警觉。

这个问题的另一个优点是：这个问题的前提——你们的生意关系将是长期的增加了你的谈判筹码。因此，这对你的谈判对手来说很可能是一大宗非常有价值的生意，所以从逻辑上讲，对方做出一定的让步也在情理之中。

最后一点，与我们前面提到的“各让一步”问题不同，这个问题不是一个常用的谈判问题，所以你的谈判对手不会预料到这个问题，也不会对此有所准备。提出“你还知道（影响协议或长期关系的）其他事项吗”这个问题可能让你的谈判对手措手不及。因此，你可以从他的回答及回答方式中捕捉到很多信息。

如果你了解谈判对手的某些信息，而对方对此一无所知，在这种情况下提出这个问题会让你收到更好的效果。正如前面所述，在这种情况下向对方提出“你还知道（影响协议或长期关系的）其他事项吗”这个问题，能够让你迅速判定正在和自己打交道的人是否诚实可靠、适合做你的生意伙伴。

在提出这个问题时，你要仔细观察对方的回答方式。如果对方的回答有失诚实、全面，那你就应该对自己是否应该跟此人打交道表示怀疑。

我在生意中非常有效地使用了这个问题。

## 实例 1

几年前，我和一家饭店（我现在仍和这家饭店做生意）洽谈签订一份长期合同。这家饭店年久失修，而我们的合同建立在饭店重新装修的口头承诺上。我通过网络了解到，这家饭店要被出售——这一点在本次谈判过程中从未被提及过。我要弄清楚自己是否在跟一个值得信赖的伙伴做生意，于是就与这家饭店的总经理进行了一次面谈。在这次面谈中，我向对方提出了这个尖锐的问题："你还知道（影响协议或长期关系的）其他事项吗？"对方回答说："有。但我需要你对这点保密，这不是公开信息。饭店要出售，但出售的部分条件是，在你们的项目之前完成装修。"这个答案让我吃了一颗定心丸——我在与一个诚实的人做生意。最终，双方达成了协议，并且从那时起一直到现在都在合作——互利互赢。

## 实例 2

几年前，我们公司和一位分销商就一份长期的分销协议进行洽谈，目的是让对方经营我们公司销售的一些有关培训的影像资料。我的谈判对手在谈判中反应冷淡。于是我就决定用"你还知道（影响协议或长期关系的）其他事项吗"这个问题来观察这位准分销商会做出什么样的反应。双方之间的谈话过程大概如下。

**作者：**你还知道（影响协议或长期关系的）其他事项吗？

对方：我真不知道怎么回答这种问题。在经过了几星期的谈判后，你为什么现在问这个问题呢？我认为我们要签订合同了，不是吗？

作者：我们要签，或者说本来要签的。

对方：我们不应该让律师来处理这种事情吗？他们会把所有披露的信息写入协议。

作者：我们没有考虑与你的律师形成长期的生意关系，我们原来考虑过和你还有你的公司长期合作。

对方：你们所问的问题大部分是私人问题，但我向你保证……

作者：这么说，你不是不能回答这个问题，而是不愿意回答这个问题？

我不喜欢这种谈话形式，就终止了这笔交易。因为跟你不信任的人做生意很不好，所以这可能为我节省了一大笔钱。

## 实例 3

我就一份著名期刊的版权问题与一家国际出版公司进行谈判。在谈判接近尾声时，我向这家出版公司的首席谈判代表提出“你还知道影响协议或长期关系的其他事项吗”这个问题。这位谈判代表在和其谈判团交换意见后告诉我，他们正在收购同一领域里的另一份期刊。接着他解释了这份合同对双方的良性发展有什么好处、为什么有好处。这位谈判代表的直率加深了我对该出版公司的信任，也成为我选择与这家出版公司签订合同的一个原因。

## 如何应用

在完成一项长期合同的谈判之前，你可以提出“你还知道（影响的协议或长期关系的）其他事项吗”这个问题。你要仔细地观察对方的面部表情。正如玩扑克牌游戏一样，玩家的面部表情及其他非言语行为都能透露很多信息。对方如何回答你的问题可能让你判定是否要与此人或他的公司做生意。

如果你了解谈判对手的某些情况，而对方对此一无所知，那么这个问题会更加有效。

## 如何回答

在回答“你还知道（影响协议或长期关系的）其他事项吗”这个问题时，首先，你要呈现一副一本正经的面孔。如果你流露出内疚或回避的表情，那无论你说什么都不管用了。任何内疚或回避的迹象都会导致交易失败。如果你没有什么信息要透露，你要告诉对方，而且要直截了当地说出来。例如，你可以回答说：“没有。”如果你有要透露的信息，那就透露出来。如果不透露出来，你会让对方觉得你不可信，这会导致交易失败。除此之外，你的直率会打造信任——长期生意关系的一个不可或缺的组成部分，这有助于你达成这笔交易。例如，你可以回答说：“有。我得了癌症，现在病情有所好转，但世事难料。因此，我们制订了一个继任计划，如果我身体条件不允许的话，我的搭档肯定能够很好地与你合作。如果你对此保密的话，我将不胜感激。”

# 反侵权盗版声明



举报电话：（010）88254396；（010）88258888
传　　真：（010）88254397
E-mail：　dbqq@phei.com.cn
通信地址：北京市万寿路 173 信箱
　　　　　电子工业出版社总编办公室
邮　　编：100036